努尔哈赤

写真

陈捷先 ⊙ 作品

商务印书馆

2011年·北京

涵芬楼文化 出品

谨以此书恭祝

王钟翰教授

九十嵩寿

努尔哈齐朝服像

努尔哈齐朝服像

✿ 努尔哈齐吉服像

❀ 长白山天池

❀ 满族发源地松花江畔

❀ 松花江雪景

满族发源地长白山

❀ 努尔哈齐也十分重视藏传佛教，图为西藏拉萨布达拉宫。

　❀ 西藏晒大佛

努尔哈齐死后葬于沈阳城东面的福陵

努尔哈齐写真

目录

努尔哈齐写真

揭开神秘面纱的求真之作
——话说《努尔哈齐写真》

杜家骥

　　摆在您面前的这本书，名为《努尔哈齐写真》。努尔哈齐，有些书译称为努尔哈赤，是中国历史上的著名君主，清朝人称之为满洲族开国立基之帝。他的一生充满传奇色彩。努尔哈齐出生于明朝东北地区的女真族之家，先人曾当过明建州卫的小头目。青年时期的努尔哈齐常到抚顺边关与汉人贸易，不少记载还说他曾在明朝辽东总兵官李成梁帐下当过侍从。二十五岁那年，他的祖、父同被明兵误杀，从此以所谓"十三副遗甲"起兵，开始了他的戎马生涯。谁也不会想到，就是这位在当时不起眼的小人物、兵不满百的草头王，竟然在日后开创了一番帝王之业。努尔哈齐凭借他的过人勇略，身先士卒，攻城拔寨，势力不断壮大，先后兼并统一女真族诸部落，组建八旗，建国称汗，进而攻占明人的辽沈大地。他的子孙们，正是在这一基础之上，进一步扩张壮大，几次突破长城关口，进入明朝京畿，蹂躏关内几省，在他死后不到二十年的时间，便入主中原，建立南北一统的大清帝国。这样的人物及其创业史，既是史家重点研究的对象，也为大众所感兴趣。遗憾的是，历史为我们留下的这一时期的资料相当零乱，疑点颇多，这一方面是由于努尔哈齐的后世子孙皇帝们极力掩盖其祖先的卑微出身，尤其是其先祖曾为明朝的"看边小吏"的臣属身份，为避"犯上作乱"之讥，因而在他们控制下所修的开国史，努尔哈齐是个被美化、神化的人物，不少在他们看来不光彩的史事都被隐讳了。另一方面，女真族的风习也不同于中原汉族，很多史事后人难于理解、扑朔迷离，但这也增加了人们想了解它的兴趣。幸而当时用满文记录的一些原始资料尚留存于今世，如《旧满洲档》（今影印后的习惯称谓），这种珍贵的史料中保留了大量早期满族及努尔哈齐各种活动的真实详细的记录。此外，同时期的明朝人及朝鲜人，对努尔哈齐及建州女真人的状况、活动也有不少记述。近现代史学家根据这些材料，对满族人先世及努尔哈齐的真实面貌，做了大量揭示。陈捷先教授就是其中做出了卓著成就的史学家之一。早在公元1963年出版的《满洲丛考》专著，就是陈教授在这方面的集成性大作。以后，陈教授仍一直关注这方面的问题，做过一些系统性的考察。

陈教授这部《努尔哈齐写真》，多达五十个专题，从方方面面阐述了努尔哈齐的一生及相关之事，如满洲族之来源，努尔哈齐的先世，少年时期的努尔哈齐，努尔哈齐统一女真诸部及攻占明辽沈大地的诸次战事，如何创制满文、组建八旗，他的用兵智谋，向辽东地区的大规模迁徙，计丁授田及分丁编庄的经济措施，稳定朝鲜之策，屠杀辽民及士人，他所设计的八王共举新汗的汗位传承制度，"嗜杀"的努尔哈齐及他的宗教信仰，他的妻妾子女，家庭内部矛盾，以及努尔哈齐的死亡等等。不少内容，是陈教授深入考察的结果，是在力求揭示真相的研究基础上写成的。如努尔哈齐所在的"满洲"，这"满洲"究竟是什么意思？按满语的准确发音，"满洲"一应读作"满珠"，后世的乾隆皇帝曾宣扬，"满洲"乃西藏佛教用语中的"曼殊"，是汉语所说的妙、吉祥之义，这当然是为了把他祖先的部族说得高贵光彩，而做的牵强附会的解释。近现代史家，有的认为是"建州"的音转，或谓乃该部族人将"满住"加于尊号之上，进而用作部族名称。陈教授指出上述说法的不合理处，而从清人祖先历史与文化背景的角度，力求探索出一个比较合理、比较让人信服的说法；经多方考证指出，当时这一带的部族大多以所居处地之河流命名，满洲先人世居婆猪江一带，这婆猪同时又称拨猪、蒲州、马猪，均为同音异译之称，满、马音似，这"满珠"或许就是其部族旧称"婆猪"、"马猪"演变而来。再如努尔哈齐的姓氏也是个谜，有些资料记载他姓"佟"或"童"，后来又称"爱新觉罗"。陈教授认为，努尔哈齐的本姓实即"觉罗"，这也是其本民族以居地为姓氏的习俗，陈教授从古老满文档册中发现有gioro（满文之罗马字母转写，其音为"角罗"、"觉罗"）的地名，而且档册中还把此地称之为"故里"（susu），也就是说，努尔哈齐家族曾在名为"觉罗"的地方居住，因而称之为"故里"，早先就是以居住地"觉罗"为姓。努尔哈齐自称汉人的佟姓，只是对明朝或朝鲜使用，当时无非是为了自高身价。对族内从未见他有过这个称谓。当他实力强大后，为激发女真民族的感情，便舍弃了这个佟姓，并在本姓"觉罗"之上加"爱新"，爱新，满语aisin，"金"之义，表明他们是大金国的后裔。在关于爱新觉罗姓氏之谜的诸多解释中，我认为陈先生的这一说法是最精辟、最有说服力的。又如努尔哈齐的宗教信仰，陈先生揭示他不仅信本民族的传统宗教萨满教，而且崇佛信佛，建佛寺，常坐禅、捻数佛珠。同时，与藏传佛教的喇嘛也有较多交往，到蒙古地区传教的西藏喇嘛来投奔他，他也予以收容厚待。另外，他对道教也有某些信仰，相信阎罗及投胎转世之说，反映了努尔哈齐及其民族的多神信仰。

"写真"一词用于历史题材之写作，是将历史的真实力求以图画的形式展现给读者。治史者都有体会，求细者难写，没有广泛的史料搜集、对史料的细致研读与深入理解，是根本做不到的。写真之作，还要求作者以活泼的文笔对史事进行生动的描述，力求通俗化，没有对史事的深入研究、准确的把握，又很难做到深入浅出。正因为如此，以"写真"之形式细致描述古代历史之真实，非大手笔之史家难于写好。陈先生的这部《努尔哈齐写真》，把发生在四百年前左右围绕努尔哈齐及其崛起壮大的事件，写成五十个故事，向读者娓娓道来，让人们看到一个真实而多面的努尔哈齐，一个有着七情六欲、家庭人伦的普通人，一个成就大业的一代枭雄，读后，还仿佛看到萨尔浒之战各路兵马的纵横驰骋，听到八旗兵闯入辽沈大地时的战马嘶鸣，了解到后金占领辽东后尖锐激烈的满汉矛盾。历史论文，大量征引资料，反复论证，不免艰涩，非本专业者很难有兴趣去耐心阅读，其艰辛的劳动成果，难于为大众所知，大大影响了它的价值。这种雅俗共赏的写真之作，恰可弥补这一缺憾，也正是从这一角度而言，可称之为是"实用历史之书"。

眼下历史小说、影视剧颇为盛行，尤其是以清宫史、帝王为题材的影视，充斥银幕荧屏，包括以努尔哈齐为题材的影视剧，收视率还相当高。这也难怪，那些影视的情节、画面也确实吸引人，尽管没有多少历史的真实，而大众接受的就是这种"历史"，他们认为历史上的某人、某事就是那个样子，把那些生编出来的内容也当成史实，不时有人谈起历史上的人和事，就是以小说、影视剧为根据，让人哭笑不得，很多历史学家对这种现状表示忧虑或不满。静而思之，也当自问，我们的成果为什么就不能在大众中发挥作用？其实，大众也想了解真实的历史，如何以史家的专长去争取观众和读者？陈先生以他的行动进行了尝试，先生以一个史家的责任感，写通俗易懂的历史，让人们在轻松的阅读中得到真实的历史知识，其社会性意义不言而喻。

我有幸先睹先生的这部大作，深有感触，且获益颇多。尊敬的读者，如果您想了解真实的历史，了解历史上真实的努尔哈齐，建议您读一读这部《努尔哈齐写真》，相信您会开卷有益。

【推荐人简介】杜家骥，1949年2月出生于河北武清（现属天津市）。1978年考入南开大学历史系，接续攻读研究生，1985年毕业留校任教，从事中国古代史（以清史为主）的教学与研究，其间获历史学博士学位。现为南开大学历史学院暨中国社会史研究中心教授。主攻清史、满族史、八旗制度、清代蒙古史等，发表这些方面的论文九十余篇，著有《清朝简史》、《清皇族与国政关系研究》、《中国古代人际交往礼俗》、《清朝满蒙联姻研究》，与他人合著《清史研究概说》、《中国古代官僚政治》等，主编《新编中国历朝纪事本末·明清卷》。招收并指导清史、满蒙民族史方面的博士、硕士研究生。

前言
略述努尔哈齐的老祖先

清朝是满洲族人建立的，而"满洲"这个名词在中国古代史书上没有出现过，直到明朝末年，辽东女真人中才有一个部落以"满洲"为他们的称号，后来他们统一了女真各部，形成满族共同体。

"满洲"名称在中国虽前史未见，但这并不表示他的历史从明朝末年才开始。相反地，他们的祖先有着相当悠久的源流，像先秦的肃慎、汉代以后的挹娄、勿吉、靺鞨（"鞨"字原先可能作"羯"字）、女真等等，都是满洲族人的先世。

肃慎人很早就居住在长白山以北、东临大海以及黑龙江流域的广大地区。传说他们在舜、禹时代就与中原人民建立了联系。周朝时，肃慎人曾向武王、成王、康王以"楛矢石砮"为贡品来朝贡。所以周朝政府说："肃慎、燕、亳，吾北土也。"表明肃慎曾是周朝的属地。据地下发掘与文字资料，可以了解古肃慎虽是以狩猎为生，但家畜饲养也相当发达，青铜制品已广泛使用，他们过着氏族定居生活，房屋都是长方形半穴居式的。不过黑龙江流域与滨海一带的肃慎民族，虽然资料不多，相信他们仍从事渔猎生活，处在生产力水平较低而落后的阶段。

战国以后，史书中改称肃慎为挹娄，他们的活动区域大体上与肃慎相同。挹娄人有了农业，地产五谷，擅长养猪，能织麻布，又会造小船，经济生活显然得到了不少改善。据考古学者发现，他们住土穴，认为越深越好，大家族的土穴有"至接九梯"的，"无大君长，邑落各有大人"。由于挹娄定居区内出现汉代钱币、陶器、玉石，从而可知挹娄人与中原地区的经济、文化联系应该是十分密切的。

肃慎与挹娄的后裔在北朝与隋唐的史书里分别称为"勿吉"与"靺鞨"。唐代，靺鞨族人居于黑龙江、松花江流域的分为七大部，其中粟末与黑水两部最强。唐玄宗先天二年（公元713年）册封粟末部首领大祚荣为"左骁卫大将军渤海郡王"，加授"忽汗州都督"，这就是著名"渤海国"政权（满族先世建立的第一个政权），它建国二百多年，政治与军事制度都按唐制，使用汉文，最盛时辖有五京、十五府、六十二州，管辖着牡丹江、绥芬河流域和乌苏里江以东一带的广大地区。历代渤海国王几乎每年都派使臣到长安朝贡，又经常派留学生入唐学习政治与经济的各种制度，文化相当发达，被称为"海东盛国"。渤海的士大夫，甚至国王、王子都通汉文，有些更能赋诗。唐朝名诗人温庭筠曾在送别渤海王子时写过"疆里虽重海，诗书本一家"的名句，生动地表明了彼此文化关系的亲密。靺鞨人在汉人影响下，曾创造出灿烂的"渤海文化"，也曾为朝鲜、日本当担当过传布中华文化的桥梁任务。

公元926年，后唐明宗天成元年，契丹太祖兴兵推翻了渤海国，改称东丹国。由于靺鞨族人居地不同，自然环境各异，内部发展很不平衡，渤海王朝虽然文化鼎盛，但北部及滨海的散居族人生活仍然清苦落后。辽朝契丹人统治靺鞨人时改称他们为女真人，并以其发展程度分为生女真与熟女真。后来又为避讳辽兴宗的御名，再改女真为女直。契丹人以严厉手段对待女真人，因此到宋徽宗政和五年（公元1115年）时，以完颜部为核心的女真首领阿骨打带领族众起兵反抗，结果打败了辽朝，建立了满洲族先人所建的第二个政权——大金。金朝后来不但消灭了辽朝，又战败了北宋，并俘掳了徽、钦二宗，势力南下发展到中原地区的黄淮流域。金朝的北边到达外兴安岭，东临大海，西与蒙古为邻，成为历史上与南宋并立的大王朝；不过大部分女真人也因南迁中原定居，融入了汉民族。尽管金世宗时常告诫族人要保持"国语（女真语）骑射"等自身文化，但统治者的希望并不能扭转历史发展的必然趋势。尤其到蒙古人灭了金朝之后，留居南方的女真人事实上都变成广义的"汉人"了。

南宋理宗端平元年（公元1234年）蒙古灭金，黑龙江与乌苏里江流域的女真人归元朝辽阳行省的开元路与水达达路管辖，新统治者不但重抽女真人实物税，还经常征用女真人为兵员从征南宋与日本，给女真人带来极为沉重的负担。所幸为时不长，元朝被朱元璋的大明取代了，东北女真人也得到了解放。

明朝政府在东北女真地区推行"分而治之"的抚绥政策，在政治上，大量建立"羁縻"卫所，加强统治，给女真上层加封不同等级的卫、所官职，如都督、都指挥使、指挥佥事、千户、百户等，授予印信、敕书、衣冠、钞币以及部分首领赐姓等办法，拉拢他们，以加强政治与文化上的联系。在经济上，明朝除允许受封的女真首领到北京交换及领赏物品外，又在辽东开设几处马市与女真人贸易。明朝方面供应食盐、粮食、布匹、锅碗、铁制农具等生活所需品，女真人则以人参、兽皮、蜂蜜、蘑菇、松子等物交易。另外，为加强防御力量，明朝又在辽东各地建造边墙，形成对女真与蒙古的防线。从明初到万历年间，明政府在辽东共设三百八十四个卫，二十四个所管治女真；永乐七年（公元1409年）时，又在黑龙江口特设奴儿干都指挥使司，管辖所有卫所。

随着时间的推移，由于各女真部族的迁徙、冲突，社会经济发展的不平衡，以及明朝本身的由盛而衰，到明朝后期，辽东女真主要分为三大部分：一是居住于现今吉林以北松花江转折后江南以及黑龙江省哈尔滨市东边阿什河流域的海西女真；二是分布在长白山以北、牡丹江与绥芬河流域的建州女真；三是生聚在偏远精奇里江下游直到库页岛的整个黑龙江南北广大地带的野人女真。

海西女真有叶赫、哈达、乌喇、辉发四部，又称海西四部或扈伦四部。叶赫居叶赫河畔，经济发达，是四部中最强者。哈达居开原城东，其首领王台曾受明册封为龙虎将军。哈达和叶赫与明朝关系良好密切，又近明设的马市"南关"（广顺关）与"北关"（镇北关），故两部又有"南关"哈达、"北关"叶赫的称号。乌喇部居吉林北部，极为强悍。辉发则为四部中较弱的一部，居辉发河流域。建州女真原住牡丹江下游，其一部为斡朵里，位于牡丹江入松花江处之西岸；另一部为胡里改，位于牡丹江入松花江处之东岸（今依兰），二部隔江相望，关系密切。后经迁徙，到15世纪中期先后定居于浑河支流苏子河（一称苏克苏浒河）畔，分为建州三卫（建州卫、建州左卫、建州右卫），其中左卫为努尔哈齐的出生部落。建州女真人与明朝贸易关系频繁，促进了他们社会经济的较快发展。留居黑龙江流域的女真人，由于经济生产落后，明朝称他们为野人女真，包括东海瓦尔喀部、虎尔哈部、萨哈连部等等，他们主要仍以狩猎为生。

明朝推行的卫所政策虽然能羁縻女真人于一时，但也为众多女真头目提供了管辖部众和加强统治地位与权力的机会。在明廷势衰之后，女真内部有了多头并起的现象，相互兼吞的动乱时有发生。

努尔哈齐就降生在明朝走向衰亡的世宗嘉靖时代，他的父亲与祖父都当过明朝边区的小官，为明朝尽心尽力地奔走效劳过，但最后都被明兵"误杀"了。努尔哈齐胸怀大志，发誓要为父祖报仇，他以坚强的毅力、巧妙的策略，先统一了女真诸部，组合成了满族共同体，然后再兴兵征明，终于建立了后金汗国。他个人也因而成了大清帝国的奠基人，被后人尊奉为满族的民族英雄。

努尔哈齐在辽东土地上活跃奋斗了四十多年，在满族发展史上占有极重要的地位，在整个中国历史上也具有不容忽略的地位。如何正确地了解他的生平事功、评价他的历史地位，是研究满族历史与清初历史的重要课题。我写作这本《努尔哈齐写真》，原因即在于此。

在民国成立之初，由于国人对满族抱有种族成见，出版的有关专书与论文，常见反清仇满的内容，努尔哈齐这位"反叛"汉族明朝而为大清帝国开创龙兴大业的关键人物，当然更是毁多于誉。20世纪80年代，大陆学者阎崇年、滕绍箴分别出版了《努尔哈赤传》与《努尔哈赤评传》二书，详细论述了这位满族杰出英雄的生平事迹、历史事功，为努尔哈齐的一生作了比较公允的论断。我这本小书就是受他们旧作的影响而以新体裁与一些新看法写成的。阎、滕两位先生给我的启示很多，谨在此致以谢忱。

我这本小书的主人翁为什么称作"努尔哈齐"而不称为"努尔哈赤"呢？我们从史料里可以了解：明朝人称他为"奴"、"奴贼"或"奴儿哈赤"，朝鲜人则称他为"老酋"、"奴酋"、"老乙可赤"、"奴儿哈赤"等等，都是有贬意与不理性的仇意在的。清朝官书里则有"弩尔哈奇"与"努尔哈齐"的写法，后来定本《实录》称作"努尔哈齐"。大陆学者多称他为"努尔哈赤"，据说是大家惯用的写法，并无史料根据。事实上，在努尔哈齐出生之时，满洲文字还没有创制，后来一些老旧满文档册中凡遇"努尔哈齐"名字时，都按汉人制度"敬避御名"，不书人名而只贴黄纸以示尊敬。只有在清朝的玉牒中记为Nurgaci，音译应为"努尔噶齐"，这可能是蒙古文的写法。我个人以为今天写这位清朝奠基者的事迹生平，不应再怀有种族成见了，不应该再称他为"奴酋"、"奴贼"、"奴儿哈赤"了。清代官书中既然为他确定了名字"努尔哈齐"，我们也应照清官书的说法写作为宜。

这本小书的问市，我要感谢内子侯友兰女士与尊敬的好友韦庆远、冯尔康、阎崇年、仓修良、刘景辉、叶达雄、庄吉发等先生的鼓励，也要感谢游奇惠、陈穗铮、傅郁萍三位小姐与陈龙贵老弟在出版事务上的协助帮忙。

2003年元旦于佛光大学

满洲源流神话

努尔哈齐是大清帝国的奠基者，他是满洲族人，根据满洲人的祖先传说，他们有一段非常浪漫的祖先诞生神话与满洲建国的不平凡源流。

清朝官方的《实录》里记载说：在很多年以前，有三位仙女来到长白山东北的布库里山中一个名为布勒瑚里的池子里入浴。这三位姊妹分别名叫恩古伦、正古伦与佛库伦。当她们洗完澡上岸准备穿衣时，三妹佛库伦发现她的衣服上有一粒由神鹊衔来的鲜红色果子，她很喜爱，不忍心将它放在地上，于是就衔在口中，再穿衣服。没有想到朱红的果子突然滑到她的肚子里去了，而且佛库伦就因此有了身孕。两位姊姊见她肚子大了，身体肥重不能升天，便留下她生产后再回到天庭。佛库伦不久之后就产下一子，据说这位男童"生而能言，倏尔长成"。佛库伦后来告诉他说：这是上天安排他出生的，为的是要他去平定人间乱事。佛库伦于是帮幼儿准备了一艘用柳枝扎成的小船，放入水中，让他坐在小船上顺流而下。佛库伦在完成这些任务后上升天界了。当时在长白山东南鳌莫惠地方有座鳌朵里城，城里有三姓夷酋争雄，终日互相厮杀。佛库伦所生的儿子漂流到这座城边停住了，正巧这时有人来取水，见到这位幼童"举止奇异，相貌非常"，便奔回去叫大家停止斗争，一同到河边来看幼童。大家问幼童的来历时，幼童告诉他们说："我乃天女佛库伦所生，姓爱新觉罗，名布库里雍顺，天降我定汝等之乱。"众人闻言大惊，于是停歇了斗争，而将这位神异幼童"拥捧而回"，并把部长的千金小姐百里许配他为妻，共奉他为新的共主，他们又定新国号为"满洲"。

这就是"朱果降祥"、"授姓自天"的满洲源流传说。清朝入主中国之后，能看官书《实录》中这段神话的人不多，即使有人读到了也不敢怀疑，怕吃上文字狱官司或是犯上大不敬的罪名，会弄到家破人亡的悲惨地步。民国以后，部分史料公开了，加上反清反满的情绪高涨，作家们对满洲这一开国神话开始评论了。有人认为荒诞不经，简直是鬼话，不足凭信。有人则指明是满洲人早年因出身寒微，是明朝边关上的"看边小夷"，他们为隐讳家庭卑贱家世，乃编造出这一段天女后代的故事来光彩门楣的。不过近世以来，由于新史料的发现以及民族学、社会学知识的辅助应用，使得满洲开国神话有了新的解释。现在我们略分以下几点来作一说明：

第一，以前学界前辈都说"朱果降祥"的故事是清朝皇家在入关后，至少是在清太宗皇太极为他父亲努尔哈齐第一次修《实录》时伪造出来而编进官书的。事实上，这个天女生满族始祖之说应该是东北地区不少女真民族共有的传说，因为我们在一件用古老满洲文写的旧档案中，发现在皇太极尚未建立大清国之前，就有人谈到三仙女入浴的故事了，而且被记录在档，显见不是努尔哈齐子孙日后伪造的作品。根据这件老满文档案所记，在天聪八年（公元1634年）十二月，皇太极曾派出大臣霸奇兰征讨东海的虎尔哈部，第二年五月，霸奇兰等凯旋，在被俘获的虎尔哈部人中，有位名叫穆克什克的老人，他向大家讲了三仙女诞生布库里雍顺的故事，其中仙女入浴与神鹊朱果怀孕等故事都与清代官书相同，只是没有说布库里雍顺姓"爱新觉罗"的事。另外，清代官书《实录》中在皇太极下令出征虎尔哈部时，曾对领兵大臣下达了如下的一道上谕：

……此地（指虎尔哈部）人民，语音与我国同，携之而来，皆可以为我用。攻略时，宜语之曰：尔之先世，本皆我一国之人，载籍甚明，尔等向未之知，是以甘于自外。……今日之来，盖为尔等计也。

　　由此可见虎尔哈部与满洲同语言，而且"载籍甚明"的是"一国之人"。穆克什克说的他们始祖诞生神话，当然也就是满洲人的始祖诞生神话。穆克什克在皇太极编写努尔哈齐《实录》前就讲过这段神话，显然这神话流传了很久，不是皇太极建立大清国后伪造的。

　　第二，神鹊衔朱果事说来是荒诞不经的，但是鸟类与满族存亡发展似乎有着特殊的关系。除了神鹊是降生满族始祖的媒介外，《清实录》还记载了不少鸟类对满族祖先有恩的事。例如在布库里雍顺建国"历数世后，其子孙暴虐，部属遂叛。于六月间将鳌朵里攻破，尽杀其合族子孙，内有幼儿名范嗏，脱身走至旷野，后兵追之，会有神鹊栖儿头上，追兵谓人首无鹊栖之理，疑为枯木桩，遂回，于是范嗏得出"。还有在努尔哈齐时代，叶赫等九部联军扑扫而来，想一举消灭满洲刚兴之势力。结果满洲哨探被乌鸦阻路，改往浑河方向探之，终于发现敌军所在，使努尔哈齐获得正确军事情报，从容布置，最后击败了九部大军，得以生存发展。早年满洲文的官书里就写着："满洲后世子孙，将鹊鸟视为祖先，不加杀害。"满洲人敬重鸟类的习俗，终清之世一直保存。关外关内都有"设竿祭天（祭鸟类）之礼"，可见他们　对鸟类感恩的诚敬。

　　第三，为什么满族人认为鸟类与他们祖先有关呢？据民族学者的研究，在初民社会中，人不了解生育之事，因此"感生"之说在史书中屡见不鲜，我国古代就有"履迹"、"感虹"等等的传说。西洋学者有所谓"图腾（Totem）的信奉，以为一种生物或非生物，大多为动物或植物，该信奉的团体古代祖先自信为其所生"。鱼、蛇、石、树等等都可以是图腾。由此看来，满族的祖先神话似与图腾信奉有关，他们以为鸟类帮助他们降生始祖，鸟类可以协助他们延续种族生命，鸟类也能指点他们战胜强敌，后来他们视鸟类为祖先，立竿祭鸟，这都是与初民图腾观念有关的。同时在朝鲜的史料中也有飞鸟生祖先的传说，而中国商朝就有"天命玄鸟，降而生商"的神话，可见同在东北亚生聚过的民族商朝、高句丽、女真、满洲都有着鸟类诞生始祖的传说，相信这绝非巧合之事，应该是有民族学上的根据。

至于"爱新觉罗"是后来加进古老始祖降生传说的事，将在另一章中叙述。

众所周知努尔哈齐是满洲人,他们的祖先还流传了一段满洲开国神话,究竟"满洲"一词代表着什么意义呢?

如前所述,"满洲"这个名词在明朝末年以前的中国史书里是从未出现过的,直到努尔哈齐崛起建立龙兴大业时才以满洲作为他们部族的称号。"满洲"的原始真义至今仍有多种说法,现在择其重要的分述如下:

清朝官方修纂的《满洲源流考》一书,乾隆皇帝在该书出版时曾写过一篇上谕,这篇谕文中说:

> 我朝光启东土,每岁西藏献丹书,皆称"曼珠师利大皇帝",翻译名义曰"曼珠,华言妙吉祥也",又作"曼殊室利"。《大教王经》云:"释迦牟尼师毗卢遮那如来,而大圣曼殊室利为毗卢遮那本师",殊珠音同,室师一音也。当时鸿号肇称,实本诸此。今汉字作满洲,盖因洲字义近地名,假借用之,遂相沿耳。

乾隆的这番解释，表面上很合情理，也把他们祖先部族称号说得高贵光彩。可是有几个问题显然与历史事实有出入。例如努尔哈齐这一族女真人原本信仰多神原始的萨满教，不是富有高深哲理的喇嘛教，祖先受佛教影响而以佛号为部族命名似乎不合常理，而且在女真众多部族中也是未见的。其次，西藏达赖喇嘛派专使来联络清廷之事，最早一次发生在清太宗崇德七年（公元1642年）十月，当时是由五世达赖派出伊拉古克三胡土克图等人来到沈阳，清太宗皇太极也亲率亲王大臣等多人出城远迎，以示尊敬。入城后，藏使"以达赖喇嘛书进上，上立受之，遇之优礼"。这就是所谓的"献丹书"大事件。在清朝入关统治中国之前，也仅发生过这一次"献丹书"的友好接触，乾隆皇帝说"每岁西藏献丹书"是不符史实的。同时，努尔哈齐时代早就以"满洲"来称他们的部族了，像有关清太祖努尔哈齐的满文旧档中，在明万历四十一年（公元1613年）时就写记他是"满洲国淑勒昆都仑汗"（Manju guruni sure kundulen han）了（满语"淑勒"意为"聪睿"，"昆都仑"作"谦恭"解）。《旧满洲档》在万历四十三年的史事中又记载了一些"满洲国"、"满洲兵"等的字样。努尔哈齐死后，皇太极继承汗位，老满文档册中出现的"满洲"称谓更是随处可见。由此可知：至少在西藏特使第一次到沈阳献丹书之前三十年，"满洲"作为部族称号已是普遍使用了，所以乾隆皇帝的说法大有问题。不但如此，就连乾隆皇帝本人，似乎也有不同的说法。就在同一篇上谕文章中，他又写道：

> 史又称金之先出靺鞨部，古肃慎地。我朝肇兴时，旧称满珠所属曰珠申，后改为满珠，而汉字相沿，讹为满洲，其实即古肃慎为珠申之转音，更足征疆域之相同矣！

可见乾隆皇帝在《满洲源流考》一书的上谕中对"满洲"一词意义的解释就有两种，且互相矛盾。诚如傅斯年先生在《东北史纲》里评论的：

"一谓肃慎之音转,一谓番僧之赠号,……同在一书,而有二说;同在一人,而有二说,足证此号之源,清盛时本无定论。"

傅斯年先生反对乾隆的解释,他个人以为"满洲"一名应该是"建州"一词的音转。因为清廷官修的第一部努尔哈齐实录《清太祖武皇帝实录》卷首在"满洲"名称之下加了一个小注说:"南朝误称建州。"傅先生认为中国历史上早就有了建州这一行政区,而且努尔哈齐一支又出自建州卫,所以自称建州是自然之事,后来讹作满洲罢了,因为"只能满洲为建州之讹音,决不能为满洲之误字"。傅先生的解释固然有他的理由,不过我个人总觉得"建"与"满"二字,四声不同,即使音转,似乎也不能相差如此之大。何况"满洲"作为清人先世部族的称号,也并不如傅先生在《东北史纲》卷首所说的"尚不闻于努尔哈齐时代"。

此外,日本学者稻叶岩吉在他的大作《清朝全史》中也对"满洲"一词提出过新的看法,他根据朝鲜人记录的史料,提出以下说法:

> ……夫满洲者,实不外移其本族君长尊号转变而成,朝鲜之记录有之。当万历四十七年之春,都元帅姜宏立加入明军以征伐清之太祖,途中被清兵所掳,以之谒见太祖,见太祖之部下,俱以"满住"称号太祖,加于汗之尊号上。太祖死于明天启七年,太宗即位,至明崇祯八年,皆遵用太祖所自命其国之金为称号。惟至翌年,彼忽自改其族名曰满洲,而以大清二字代后金之朝号焉。

稻叶先生的解说相当牵强,以下数点可以作为辨正:一、上引文中说朝鲜姜宏立都元帅见努尔哈齐的部下"俱以满住称号太祖,加于汗之尊号上",即指当时大家称努尔哈齐为"满住汗",也就是满洲语作(Manjuhan)。其实在旧的老满文资料中,经常记"大明汗"、"万历汗","大明"与"万历"只不过是国号与年号,不是什么特殊的尊称。"满住汗"

中的"满住"也应该是同样的意义。二、前文已说过，努尔哈齐在万历四十年代就常以"满洲"为称了，清太宗皇太极时代更是看到"满洲"一词的不断出现。若说清太宗在改大金为大清国号时"忽自改其族名曰满洲"，确与史实不符。事实上皇太极常说："我国原有满洲、哈达、乌喇、叶赫、辉发等名。""我国建号满洲，统绪绵远，相传奕世。"更可证明他不是"忽自改其族名曰满洲"的。

以上各家对"满洲"一词的解释似乎都不尽理想，我个人倒想从另一个角度，即清人祖先历史与文化的背景角度，来谈一谈这个问题，也许可以探索出一个比较合理、比较让人相信的说法。首先我们来看一看当时与努尔哈齐这一部族同时存在于辽东地区的其他女真各部，他们的部族名称是不是有个规律可循呢？据《清实录》这一类的官方史料称：

> 时各部环满洲国扰乱者，有苏苏河部、浑河部、王家部、东果部、折陈部；长白山内阴部、鸭绿江部；东海兀吉部、斡儿哈部、虎儿哈部；胡笼国中兀喇部、哈达部、夜黑部、辉发部。各部蜂起，皆称王称长。……

这些部族中如苏苏河（苏克苏浒河）、浑河、王家（完颜）、东果（董鄂）、内阴（讷殷）、鸭绿江、斡儿哈（瓦尔喀）、虎儿哈、兀喇（乌喇）、哈达、夜黑（叶赫）、辉发都是因所居地区的河流而得名。只有折陈（哲陈）与兀吉（渥集）与河川无关，但是前者折陈原意"边区"、"边界"，后者兀吉是"大森林区"，两部称号仍与地望有关联。总之，明末女真各部中他们的部族名号都从居地而起，特别与区内的河流有关。那么，满洲部族是不是也有这样的可能呢？

根据朝鲜全国性地方志书《东国舆地胜览》中《会宁都护府》条下记："本高句丽旧地，胡言斡木河，一云吾音会。本朝太宗时，斡朵里童孟哥帖木儿乘虚入居。世宗十五年（明宣德八年，公元1433年），兀狄哈

8

杀孟哥父子，斡木河无酋长。"朝鲜人在明朝所记的这段史事是真实的，他们所称的童孟哥帖木儿或孟哥正是清代史书里所称的六世祖孟特穆，满文发音为孟哥帖木儿。斡木河与斡朵里也是清朝开国神话中的鳌莫惠与鳌朵里。朝鲜史书又称童孟哥帖木儿家族惨变以及日后他们族人流窜骚扰各事大半都发生在婆猪江边，给朝鲜带来极多人命与财产的损失，因此在他们的史书或上报明朝的文件中常称他们为"婆猪野人"、"婆猪贼人"、"婆猪之人"、"婆猪人"等等，这当然与孟哥这一支族人生聚在婆猪江岸有关。婆猪江是鸭绿江的支流，后改为佟家江。

朝鲜还有一部写作时间持续约五百年的官书叫《李氏王朝实录》，在这部书里由于时代不同，史官换人，常有将中韩边界地名河名作音同字异的记述，如婆猪江一名，前后就有拨猪江、蒲州江、马猪江，甚至简称蒲洲的，可见婆、拨、马、蒲等音在当时是接近的。"满洲"是由满文Manju音译而来，正确的读音应该是"满珠"或"满猪"。满马音似，猪、珠音同，所以"满洲"一词很有可能是从"婆猪"、"马猪"部族旧名称演变而来。明史前辈吴晗曾经也感到"满"字与"蒲"字形极似，婆猪江曾被简称为"蒲洲"，"满洲"是讹字而成，此说也有他的见地。总之，"满洲"与"婆猪"有关，不但在文字音韵上有依据，在女真人的历史与旧俗上也有来源，比西方佛号与族内尊称等说法可能切合实际一些。

当然这是我个人的大胆臆测，不一定是正确的，希望将来有新史料出现，将"满洲"一词的真义解释得更完美。

三

"爱新觉罗"新解

在前述的满洲开国神话中,天女佛库伦曾向她的新生儿子说:他"姓爱新觉罗,名布库里雍顺"。可是在老满文档案里只提到天女说他儿子名叫Bukuri Yongšon(布库里雍顺),没有姓Aisin Gioro(爱新觉罗)的事,"爱新觉罗"真是满洲开国始祖的姓吗?亦即日后清朝皇家的国姓吗?

清朝官方史书编写开国神话的时间是在老满洲文所记的档册之后,以"爱新觉罗"为国姓显然是后加的。同时在明朝与朝鲜的官私文献中,从明初到明末一直都关心建州女真的活动,记录了不少他们首领的名字,但没有一处谈到他们姓"爱新觉罗"的,而清肇祖都督孟特穆(即孟哥帖木儿)、凡察(即范嗏)、充善(即董山)等清官书中提到的祖先,《明实录》与《朝鲜实录》中都记载他们姓佟,或是姓童。清太祖努尔哈齐的祖父觉昌安与父亲塔克世,明朝当时人也称他们为佟教场、佟他失。朝鲜人的记事中同样给他们冠以佟姓。甚至连努尔哈齐本人也曾经自称姓佟,他在公文书里说自己是"女真国建州卫管束夷人之主佟奴儿哈赤",明朝与朝鲜则更有称他为"佟奴"的。佟童一音,可见在努尔哈齐崛起前的两百年间,清朝皇室祖先，无论族内族外，一直都说他们姓佟，没有"爱新觉罗"的说法。

不过，佟姓或童姓似乎也不是清朝皇家原有的姓氏，因为明代辽东地区的女真各部头目中有不少都是姓佟的，据《朝鲜实录》所记，在孟哥帖木儿时代，女真人中就有很多姓佟的人，而且当时凡是佟（童）姓授官的都归入建州，可见佟、童姓氏不是努尔哈齐祖先一系专有的。即使到了明朝末年，女真各部中姓佟的小头目仍然很多。明万历二十三年（公元1595年）朝鲜使臣申忠一等人访问建州老寨时，在见到努尔哈齐之前，一路上遇到不少佟姓女真酋长。在他日后写成的《建州记程图记》中，就记下童乙汝古、童流水、童亲自哈、童牌麻、童时罗破、童者打、童阿夫、童阿斗、童光斗、童加可……等二十多名，而王姓与李姓的只有少数。由此可知，佟、童仍是当时辽东女真部酋的普遍姓氏，努尔哈齐家族姓佟只是其中之一而已。

女真部族酋长为什么多以童、佟为姓呢？章炳麟先生曾在《清建国别记》文章中指出，佟、童原是辽东地区的望族，是汉人姓氏，在明代出过不少科举人才。当地女真人为假冒汉姓以别于"夷类"来自高身价，故袭用之。"清之先世，惭于为夷，以佟氏上达，则自处夷汉间"，这是一说。另外也有人认为佟、童是佟家（佳）氏的简称，原是女真人的着姓，建州左卫成立时任指挥使的孟（猛）哥帖木耳也姓佟，努尔哈齐为攀附这位建州卫的杰出名人，认他为六世祖，当然也就以佟、童为姓了。事实上，按照满洲祖先的氏族制度，他们实行严格的外婚制，同姓是不能论婚嫁的。史料中记录不少努尔哈齐的前辈与晚辈都与佟姓通婚，足证努尔哈齐一族原先绝非姓佟。再说努尔哈齐自称佟姓也只是对明朝与朝鲜使用的，对族内从未见他有此说法，特别在万历十六年至二十几年之间，当时正是他统一建州女真各部，获得明廷授新职、赴京朝贡的关键时刻，他强调伪托佟姓与标榜是孟哥帖木儿后裔，以自高身价，是有其必要的。

努尔哈齐借用佟、童姓氏确是事实，因为当他实力强大，地位建立之后，他就不再说他们家族姓佟了，而改称姓氏为"爱新觉罗"。满洲文"爱新（Aisin）"是"金"，"觉罗（Gioro）"在辞书里无解。"金"是前朝女真人所建的国号。"觉罗"虽字义不详，但确是努尔哈齐家的原有姓氏，以下数事，可以证明：一、万历十六年（公元1588年）努尔哈齐征讨建州诸部时，"雅尔古部长扈拉瑚，杀兄弟族众，率军民来归，将其子扈尔汉赐姓觉罗为养子"。努尔哈齐收了扈尔汉为养子，赐他姓觉罗，当然这觉罗必是努尔哈齐家的姓氏了。二、在《钦定满洲祭天典礼》卷首刊载的乾隆十二年一篇上谕中说皇家祖先祭神的事，其中有"若我爱新觉罗姓之祭神，则自大内以至王公之家，皆以祝辞为重"。文中"爱新觉罗姓"诸字，满文本里只写了"觉罗姓"，并无"爱新"字样，由此可见在努尔哈齐父祖时代其姓氏只是"觉罗"。三、朝鲜史书中称努尔哈齐姓"雀哥"，应是"觉罗"（Gioro）音转。四、日本学者有人解释"觉罗"为"族"的；但未说明依据，不足凭信。我个人在老满文案册中发现gioro是一处地名，并又称为"故里"（šušu），即"觉罗"是努尔哈齐家族的"故里"。

满洲人的祖先是女真人，曾在历史上建立过金朝。乾隆皇帝曾说："金源即满洲也。"表明了金之女真与清之满洲同种族，种族既同，语言习俗当然相似。金朝时代人姚燧说："金有天下，诸部各以居地为姓。"这是说金朝女真人的姓氏多由居地地名而来。《八旗满洲氏族通谱》一书中载录了六百多个满洲姓氏，其中多数是"本系地名，因以为姓"，如瓜尔佳、纽祜禄、完颜、富察等等，原先都是地名。"觉罗"既是地名，又在旧档中称它为"故里"，努尔哈齐家以前因居地"觉罗"而得名是可能的。

综合上述，我们可以作一初步臆测：清朝皇家原本姓"觉罗"，正如一般女真部族人家一样，姓氏是由祖先居地得来。后来因为努尔哈齐祖先、父祖与他本人做了明朝的地方小官，授得了职位，他们便冒用汉人佟、童姓氏，以自高门第，上书朝廷。等到努尔哈齐势力强大之后，他为了激发女真民族的感情，改弃汉人佟姓，而恢复自家原有的"觉罗"旧姓，并在其上加以"爱新"（金），表明他们是大金的余裔，作为号召、团结女真各族人之用了。

四

建州三卫

　　根据《明实录》诸书所记，明成祖于永乐元年（公元1403年）十一月以胡里改部首领阿哈出为建州卫指挥使，设置建州卫。永乐十年（公元1412年）又从建州卫中分出左卫，以猛哥帖木儿为指挥使，努尔哈齐就出自此卫。正统七年（公元1442年），明廷再从左卫中分出右卫，由猛哥帖木儿异母弟凡察（一作范嗏）任首长，至此建州三卫正式成立。

　　建州卫为什么一分再分而变成三个卫呢？原来有一段历史原因。

　　永乐元年初设建州卫，其地约当于现今绥芬河流域旧渤海率滨府所属的建州一带，这也是建州卫名称的由来。永乐十年，由于阿哈出的推荐，明廷又从建州卫中析置建州左卫，任命猛哥帖木儿（清代官书中称为孟特穆，同音异译字）为都指挥使。阿哈出原是元代胡里改部的万户，猛哥帖木儿则是斡朵里的万户，他们二人都是元代镇守北边的地方官。他们管辖的地区土地肥沃，适于农耕，是经济与文化比较发达的所在。

　　元末明初，辽东地区因易代而动乱频仍，猛哥帖木儿曾率领斡朵里部众，从松花江与牡丹江会流处的依兰迁徙到朝鲜的东北部，并一度入居到会宁一带，后来遭到蒙古或是鞑靼人的杀掠，在明廷特准下才回到阿木河

（清官书作鳌莫惠）居住，猛哥帖木儿后来被任命为建州左卫的首领。

明宣宗宣德八年（公元1433年）十月，猛哥帖木儿家族遭"各处七姓野人"杀害，房屋财物被焚毁殆尽，猛哥帖木儿的异母弟凡察与儿子童仓（童山）幸免于难，但也"俱各失所"。明宣宗得悉建州左卫发生如此不幸变故，甚为同情，乃于宣德九年命童仓袭其父都指挥使职务，也任命凡察为左卫都督佥事。凡察等为怕再度被攻击，在明廷核准下，于明正统五年（公元1440年）率领管下三百余户逃往婆猪江（佟家江）居住。两年以后，凡察与童仓叔侄二人发生内讧斗争，即所谓"卫印之争"。原先以为在七姓野人来侵时，左卫长官旧印已经"丢失"，所以明廷又颁发了新印给童仓。但后来凡察又说他持有旧印，与侄子争位，相互争吵得不可开交。明朝政府最后只好再分出右卫以凡察为长官，并为他另铸右卫新印才算了事，这就是建州三卫设立的简单由来。

明朝当局虽为凡察叔侄解决了纷争，但他们并不感激；后来势力日强，他们时常进入辽东与朝鲜掠夺人畜财物，造成中韩边境上的不安。据说曾有"一岁间入寇九十七次"的记录，明廷忍无可忍，乃在宪宗成化三年（公元1467年）八月，先捕杀了童仓，再与朝鲜组成联军，大举合攻建州左右卫，兵分三路，大杀人民，焚烧女真住屋，建州势力大受挫损，凡察不知所终，但左、右二卫并未被消灭。

明世宗嘉靖以后，明朝国力大衰，辽东女真纷纷兴起，建州三卫也因被剿伐而南迁到浑河与苏子河上游一带定居，当时有史料可考的分东、西两大支，东部婆猪江流域有建州王兀堂兴起，西部浑河上游则有右卫指挥使王杲活跃而著名。王杲于嘉靖后期称雄于建州女真，"奴役数十酋"，自称有数万骑，声势十分浩大。他的基地在苏子河下游的右岸古勒山（今新宾县上夹河乡古楼村），距抚顺关仅三十里。王杲曾率众多次侵扰抚顺、东州，甚至远到辽阳、孤山、汤站等地，杀明朝副总兵、指挥、把总十数人，造成辽东各地的不安。明神宗万历二年（公元1574年），王杲又借口明朝断绝贡市，他纠合了大军进犯辽沈。明总兵官李成梁迎战，大败王杲军，直捣古勒山。王杲逃到哈达，后被哈达执送明廷，在北京正法。王杲死后，其子阿台暗中积蓄力量，从静远堡入犯榆林，直趋沈阳南方的浑河。李成梁再领大军，重挫阿台，直捣古勒山，城陷，阿台死于兵火，这一支建州力量才告消灭。

王兀堂是与王杲同时代的建州首领，他拥有七千余众，势力也很强大。统辖地区西与王杲部女真为邻，东与朝鲜接壤，南达辽东边墙。王兀堂对明朝颇为恭顺，双方关系原本良好。但自万历七年（公元1579年）总兵李成梁于女真人狩猎之地，延长修筑六堡，并将女真人驱逐于新边墙之外，禁止女真人入内狩猎，直接影响到王兀堂这一支女真族人的生活，因此王兀堂怀恨明朝，多次入边抢掠，与明朝发生冲突。万历八年十月，王兀堂率千余人犯宽甸，明兵出边追击，大败王兀堂兵，斩杀酋长兵丁近百人，从此王兀堂势力大衰，他本人也不知所终。

王杲与王兀堂退出辽东舞台，为本书主人翁努尔哈齐的崛起创造了有利的条件。

按照努尔哈齐子孙所编纂的官书，记载他们家的始祖是天女所生的爱新觉罗·布库里雍顺。经历几代之后，布库里雍顺的子孙由于不善统领部众，终于引起暴乱，乱民攻破了鳌朵里城，几乎杀尽了布库里雍顺的后裔，唯一幸存的名叫范嗏（凡察），他延续这一家族的香火。范嗏的后人中有名为猛哥帖木儿的，多谋略、智勇双全，振兴了家业，这位猛哥帖木儿就是清官书里特别强调的努尔哈齐六世祖肇祖孟特穆。

孟特穆以下的努尔哈齐直系祖先为：

五世祖充善（董山或作董仓）

四世祖锡宝齐篇古

三世祖福满（兴祖直皇帝）

二世祖觉昌安（景祖翼皇帝）

一世祖塔克世（显祖宣皇帝）

由于上列的先世系统存在着问题，不少学者对此发生怀疑。例如明朝与朝鲜数据里明确记录着猛哥帖木儿与凡察是同父异母兄弟，凡察不可能是猛哥帖木儿的祖先。另外四世祖锡宝齐篇古与三世祖福满在当时明朝与朝鲜的史料中全没有文字记录他们的事迹。《清史稿》一书也说："庆隆、万历间，建州诸部长未有名近兴祖（指福满）讳者。太祖（指努尔哈齐）起兵，明人所论述但及景、显二祖（指觉昌安与塔克世），亦未有谓为董山后裔者。"福满既然授职都督，不能不来北京朝贡，所有都督来朝贡的，《明实录》都会留下记录，可是遍查嘉靖、隆庆年间实录，无一建州首领人名与福满相近似的，甚至在明代辽东残档里记下的来抚顺入关贸易的女真头目中，也没有一名与福满音近的人，可见福满其人很有问题。万历二十三年（公元1595年）底到努尔哈齐老寨子里访问的朝鲜使臣申忠一，他后来在《建州纪程图记》中所记下的努尔哈齐家族谱系也只是"佟交清哈（觉昌安）——托时（塔克世）——奴儿哈赤"。如果福满是三世祖，又当过都督，在重视门第的女真社会中，努尔哈齐不会不向申忠一提及，申忠一也不会不记下一笔或漏记的。由此也许可以推测，都督福满与其父锡宝齐篇古都是编造出来的，比附到猛哥帖木儿的世谱中来，借以表明努尔哈齐出自显要的建州左卫首领之家，是猛哥帖木儿的裔孙。

努尔哈齐一家祖先的可信历史应自觉昌安、塔克世开始，这两位虽不是什么大名家，但也算是有头有脸的人物了。觉昌安在清官书里说他继承了祖先事业，居住在赫图阿拉（满语横岗）地区（后被尊为兴京，今辽宁省新宾县境），这位"素多才智"的女真小首领，与明朝辽东总兵官李成梁的关系不错。他曾率领兄弟子侄战败过邻近的强敌硕色纳寨主和加虎等人，收服了五岭迤东苏克苏浒河迤西二百里内的各部。这些记载虽然夸张了一些，不过觉昌安确是当时女真的一位氏族首长，可能也得到明廷的授职，成为明朝的一个小地方官。他所统辖的地区是苏子河（苏克苏浒河）上中游，其西边为当时女真大头目王杲直接统治的苏子河下游区，王杲势力强盛，觉昌安为王杲的属下，曾在嘉靖三十六年（公元1557年）在王杲指挥下到抚顺关等处打过抢，因而被明辽东官员指认为"贼首"。不过觉昌安是个善观风色的人，不久之后他就向辽东巡抚侯汝谅请求入贡。侯汝谅在《东夷悔过入贡疏》中称："建州贼首草场（指觉昌安三兄索长阿)、叫场（指觉昌安）等，遣其部落中王胡子、小麻子等四名到关。"可见他又背着王杲暗通明军了。

觉昌安一辈的兄弟共有六人，长德世库、次刘阐、三索长阿、四觉昌安、五包朗阿、六宝实。兄弟间的关系不是很好，尤其对王杲的态度颇有不同。如前所述，觉昌安曾受命王杲打劫过明边，但后来又向明朝官员"悔过"请求入贡。但是六弟宝实显然对王杲效死忠，不顾一切地为王杲服务。万历二年（公元1574年）十月，王杲被明辽东总兵官李成梁击败，王杲逃到宝实儿子阿哈纳的村寨躲藏，第二年二月，王杲暗中召集部众，想反击明兵，但为明兵侦破，率兵来攻。阿哈纳却穿戴王杲的蟒挂红甲，佯冒王杲夺路，掩护王杲逃脱，王杲得以安全地溜到哈达部王台处隐藏。不过，王杲在明边将眼中是个罪大恶极的人，他不仅先后"犯辽阳、劫孤山、略抚顺、汤站"，同时还杀掉明朝的指挥王国柱、陈其孚（一作学）、戴冕、王重爵、杨五美，把总温栾、王守谦、田耕、刘一鸣多人。因此哈达部王台在明兵压力下也不敢包藏这个钦犯，最后只得"缚王杲以献"，"槛车致阙下"，王杲终于"磔于市"。王杲死后，据《皇明通纪辑要》说，李成梁将王杲的部分属地拨给了努尔哈齐的父亲塔克世，并授给他建州左卫指挥之职。不过王杲的儿子阿台（一作阿太）恨极明军，他继承父业之后，因而又发生多起动乱事件。

努尔哈齐父祖一家也不平静，支持王杲的宝实一支后来又与董鄂部为婚姻事起了冲突。宝实三兄索长阿乃从中唆使，让哈达部插手干预，结果哈达万汗王台与宝实等连手与董鄂部开战，弄得两败俱伤，大家都损失惨重。当时女真社会真是"各部蜂起"、"互相攻战，兄弟相残"、处处大乱的局面。努尔哈齐祖父辈也不同心协力，索长阿一支亲哈达部王台，宝实一支亲王杲与阿台，而觉昌安则"潜行通款于明"，各家都有自己的打算。

努尔哈齐父祖"潜行通款于明"应该是可靠的，因为不少当时的明朝作家都留有相关的文字。如马晋允在《通纪辑要》里就这样说过：

初王杲不道，奸我疆吏。李成梁因以他失（指努尔哈齐父塔克世）为向导，遂枭王杲于藁街。

黄道周曾作《建夷考》一文，也记：

先是奴酋（指努尔哈齐）父他失有胆略，为建州督王杲部将。杲屡为边患，是时李宁远（李成梁后封为宁远伯，故有是称）为总镇，诱降酋父，为宁远向导讨杲。

由此看来，觉昌安与塔克世显然与辽东明军边将的关系非浅了，后来更有人记努尔哈齐与李成梁也有特殊亲密关系，似乎也是事出有因之谈。

努尔哈齐的祖父觉昌安生有五子，长礼敦、次额尔衮、三界堪、四塔克世、五塔察篇古。塔克世是努尔哈齐的生父，清官书里追尊他为显祖宣皇帝，祖父觉昌安则被尊为景祖翼皇帝。

不论猛哥帖木儿与努尔哈齐家族的血缘关系如何，是否真是六世祖，或是伪造以隐讳微寒家世；但是自明朝初年以来，二百年间，努尔哈齐一家的先人确实是由斡朵里经斡木河到凤城，再由凤城迁徙到苏克苏浒河谷安居下来的，也可谓是几经周折，备尝艰苦了。苏克苏浒河边的赫图阿拉一带土地肥美，接近汉族聚居地区，比起海西女真与远处黑龙江流域的野人女真来，环境真有天壤之别。努尔哈齐就是在这块自然条件与地理位置优越于其他女真各族的地方出生的。

　　努尔哈齐生于明世宗嘉靖三十八年（公元1559年）。他的父亲塔克世至少有三个妻妾，有史料可考的发妻是阿古都督的女儿，姓喜塔拉氏，名额穆齐。她为塔克世生了三子一女，即长子努尔哈齐、三子舒尔哈齐、四子雅尔哈齐和一位名字不详的女儿。塔克世的继室是海西女真哈达部万汗所收养的族女，名叫恳哲（又作肯姐），姓纳喇氏，她生了一子，即塔克世的五子巴雅喇。史书中还记述塔克世另有一妾为李佳氏，生有一子，即第二子穆尔哈齐。

　　努尔哈齐出生的时候，女真各部互相争斗，纷乱不堪，即使建州左卫内部也是四分五裂。据《明世宗实录》所记，当时部里称都督的先后就有章成、方巾、撒哈、松巾、斡黑纳、柳尚、古鲁哥、蟒子、松塔等近十人，他们互不相属，你争我斗，后来巨酋王杲崛起，筑城于古勒（今新宾县古楼乡），为苏克苏浒河部长，统辖群酋，包括努尔哈齐父祖在内，他掌握建州女真五百道敕书，常冒贡取赏，势力强大。不过万历初年王杲被杀，建州女真一度陷入混乱，明朝政府也对他们停市闭关，使这一部分女真人的生活大受影响。

努尔哈齐就生长在这样一个时代，物质生活的艰苦可以想象，而最令他伤心的是当他十岁的时候，他的生母额穆齐就去世了，他和年幼弟妹们在心地不好的继母肯哲的虐待下，不但失去了家庭亲情的温暖，而且身心也受到伤害，这使得童年的努尔哈齐不得不寻求独自谋生的道路了。

努尔哈齐幼年艰苦奋斗的传闻故事很多，先举近世史家萧一山与稻叶岩吉的说法，他们分别在《清代通史》与《清朝全史》里都说清太祖努尔哈齐幼年时"亲上山采人参、松子之类，持往抚顺市卖之"。事实上，女真人每年上山采集的还不止人参与松子，木耳、蘑菇、榛子、蜂蜜以及猎取野生禽兽也包括在内，他们经数月在山中集取，然后到马市进行交易，换取生活物资，或赚得生活费用。

当时明朝在辽东设有几处与女真人及蒙古人的马市，如镇北关（在开原城东北七十里）、清河关（在开原城西南六十里）、广顺关（在开原城东六十里靖安堡）、新安关（在开原城西六十里庆云堡）以及抚顺关（在城东三十里）。这些"马市"规定每月初一日至初五日、十六日至二十二日开市二次，让夷汉人等"两平交易"。女真人以人参等山产、马匹、貂皮、猞猁狲皮等参加贸易。他们从汉人处买回去的则是耕牛、铧子等生产物件或布匹、铁锅等生活用品。文化落后的女真人通过这种互市，丰富了物质生活，也促进了经济发展。努尔哈齐则在多年多次马市中，学习到了很多知识，了解了不少汉人文化，对辽东政治动向与官场运作以及山川形势等事都熟知了许多内情，这对他未来创建大事业是绝对有助益的。

明朝同时代的人与清初时人则对努尔哈齐有两种有关他幼年时的传说，一是他曾寄居在王杲的门下。如《明神宗实录》记：

皇城巡视应议闻：奴酋（指努尔哈齐）原系王杲家奴。

程令铭《东夷努尔哈齐》中也说：

奴儿哈赤王杲之奴。

努尔哈齐在王杲家为奴事，后人又作若干猜测，有人以为王杲是塔克世的姻亲长辈，甚至有说塔克世娶了王杲女儿的。努尔哈齐生母死后，受继母虐待，乃寄居外祖父王杲门下了。但也有人认为觉昌安父子通款明军的事情败露以后，王杲大怒，乃令以努尔哈齐与舒尔哈齐兄弟到王杲家作人质，不少人以为后一说的可能性较大。万历二年，明兵在李成梁指挥下大败王杲，据说当时努尔哈齐兄弟双双被明军俘获，李成梁见他乖巧聪明，不忍杀害，于是又有了努尔哈齐曾被李成梁收在帐下的传闻了。

陈建《皇明通纪辑要》记李成梁剿王杲之役时，"奴与速（指舒尔哈齐）同为俘虏"。

彭孙贻《山中闻见录》说李成梁俘努尔哈齐后赦他不死，收留帐下，充作幼丁。"太祖（指努尔哈齐）既长，身长八尺，智力过人，隶成梁标下，每战必先登，屡立功，成梁厚待之"。

王在晋《三朝辽事实录》在《总略》中则记载"奴方十五六岁，请死，成梁哀之"的事。努尔哈齐生于嘉靖三十八年，到万历二年李成梁征伐王杲，其间正好是十五六年。

还有《辽筹》中《题熊侍御疏牍叙》中也说："主将李如柏世居辽，其先宁远公（指李成梁）又儿子畜奴贼。"

《姚宫詹文集》又记"成梁对努尔哈齐卵翼如养子，出入京师，每挟奴儿哈赤与俱"。

以上这些记述，在在表明了李成梁与努尔哈齐有着特殊的关系，因而有人夸张地说他们"谊同父子"。近代史学大家翦伯赞在他的《中国史纲要》里写道：努尔哈齐在李成梁帐下，"接受了汉族的文化，又学习了作战的本领"。这番话是否可信暂且不谈，但是在明末就已经有人说到努尔哈齐"好看三国、水浒二传，自谓有谋略"（见黄道周《博物典汇》）。

传说不一定是真正可靠的历史事实，我们对努尔哈齐以上的一些少年传闻就姑妄听之吧！不过我还得在此赘言几件事：

第一，努尔哈齐的父亲与祖父死于万历十一年兵火，事后李成梁对努尔哈齐多方照顾，当时明廷朝野人士有不少责难李成梁袒护过甚的。万历四十七年努尔哈齐与明兵决战萨尔浒山时，李成梁的儿子李如柏率大军参战，他出师慢，行动迟，逗留观望，努尔哈齐也对他一矢未加，引起明朝言官的弹劾，说李如柏与努尔哈齐家有"香火情"。这一切足以证明努尔哈齐与李成梁家的关系不寻常，相关传说似乎也并非全是空穴来风之事。

第二，努尔哈齐确实对《三国演义》、《水浒传》一类小说极有兴趣，他不但读它们作为消遣，还把书文的部分内容应用在实际事务上，如萨尔浒山一役对刘綎骗局的设计；对抚顺、开原、铁岭等攻城的成功，不少战略灵感可能是来自《三国演义》一书的。黄道周说他"好看三国、水浒二传，自谓有谋略"，显然也不是推测之词。

不管传说可信或不可信，努尔哈齐的少年生活是与一般女真人不同的。他除了从事农业生产、上山采集、狩猎之外，又经历了苦难的磨练与勤奋的学习。他熟谙了不少汉人知识文化，也了解了很多官场与经济的问题。他的视野广阔了，政治抱负增长了，这些都为他日后的龙兴事业创造了有利的条件。

建州巨酋王杲死后，其子阿台（一作阿太）为报父仇，纠合部众，扰乱明边，在孤山堡等处，曾射杀苍头军一人，又俘掠官兵与马匹，李成梁为安靖地方，于万历十年（公元1582年）亲率大军往剿，在曹子谷和大黎树佃一带，败阿台，据说共"斩首与捕虏凡一千五百六十三级"。

阿台并不因此次重创而收敛，反而在第二年又整军从静远堡、榆林堡深入浑河两岸，大肆劫掠。李成梁决心"缚阿台，以绝祸本"，乃指挥大军直捣阿台的老巢古勒山寨，明清史上著名的"古勒之役"于焉开始。

万历十一年的古勒之战，清朝官书《清实录》中是这样记述的：

> 先是苏克苏浒河部图伦城有尼堪外兰者，阴构明宁远伯李成梁，引兵攻古勒城主阿太（台字同音异译字）章京，及沙济城主阿亥章京。成梁授尼堪外兰兵符，率辽阳、广宁兵二路进，成梁围阿太章京城，辽阳副将围阿亥章京城。城中见兵至，逃者半，被围者半，辽阳副将遂克沙济城，杀阿亥章京，复与成梁合兵攻古勒城。阿太章京妻乃上（指努尔哈齐）伯父礼敦巴图鲁之女，

景祖（指觉昌安）闻古勒兵警，恐女孙被陷，偕显祖（指塔克世）往救。既至古勒城，见成梁兵方接战，遂令显祖俟于城外，独入城，欲携女孙归，阿太章京不从。显祖俟良久，亦入城探之。成梁攻古勒城，其城据山依险，阿太章京守御甚坚，数亲出逸城冲杀，成梁兵死者甚众，不能克，因责尼堪外兰起衅败兵之罪，欲缚之。尼堪外兰惧，请身往招抚，即至城大呼，绐之曰：大兵既来，岂遽舍汝而去？尔等危在旦夕。主将有命，凡士卒能杀阿太来降者，即令为此城之主。城中人信其言，遂杀阿太以降。成梁诱城内人出，男妇老弱尽屠之。尼堪外兰复构明兵，并害景祖、显祖。……

依照以上清代官书的说法，我们可以看出几个要点：一、李成梁此次来攻古勒城以及努尔哈齐的父祖二人被杀害，都是尼堪外兰的唆使而起的。二、觉昌安与塔克世父子二人在危险战乱时到古勒城纯为救出族女而来，并无其他的目的或任务。三、阿太是被部属杀害。不过，有不少同时代的人对这场战事有不同的记叙，例如程开祜在《东夷奴儿哈赤考》一文中就说：

王台拿送王杲后，杲男阿台将叫场（指觉昌安）拘至伊寨，令其归顺，合党谋犯，以报父仇，叫场不从，阿台拘留不放。大兵征剿阿台，围寨攻急，他失（指塔克世）因父在内，慌忙护救，混入军中。叫场寨内烧死，他失被兵误杀。因父子俱死，时镇守李总兵将他失尸首寻获，查给部夷伯插领回，又将寨内所得敕书二十道、马二十匹给领。

也有人以为努尔哈齐的父祖二人根本就介入这次战役的，如沈国元《皇朝从信录》中记：

奴儿哈赤祖叫场、父塔失，并从征阿台为向导，死兵火。

熊廷弼在《辽中书牍》里也提到：

成梁令叫场父子诱阿台。

当时的蓟辽抚按张国彦也在奏报中称努尔哈齐的"祖、父于征逆阿台之时，为我作向导，而死于兵火"。

以上各人的记述，显然否定了清官书里所谓的救族女说法。同时我个人也觉得在两方大军"方接战"时，觉昌安与塔克世如何能轻易平安地入城，除非是得到两军首脑的特许。战后李成梁还命令兵士寻获二祖尸体、交还给努尔哈齐？这些事都不合当时情理，除非二祖为明军担任特殊任务。再说李成梁又为什么要赐给努尔哈齐敕书二十道、马二十四（清官书里记载的数目各为三十）？这当然表明了补偿之意。清朝官书作如何记述必然是隐讳他们祖先为明军做向导背叛自己族人的丑事罢了。

至于尼堪外兰是否如清官书里所记的是这次战争的祸首呢？我觉得也值得商榷。事实上，觉昌安父子与尼堪外兰在当时都暗通明军，为明军服务，此事从战后李成梁的善后处理上看得出一些端倪来。努尔哈齐因父祖死难得到敕书、马匹的补偿，甚至也被授予了指挥使的职务；但是尼堪外兰所得的似乎更多，明廷承认了尼堪外兰继阿台为苏克苏浒河部首长，统辖建州左卫各城寨。尼堪外兰就因为有了这一新身份、新地位，他除了收编阿台的旧部外，又逼迫努尔哈齐归附于他，这使努尔哈齐大为生气，可能把父祖死难的账都算到尼堪外兰一人身上了。

尼堪外兰这个人名也很特别，满洲文是Nikan Wailan，尼堪（Nikan）是"汉人"或"汉人的"意思；外兰（Wailan）意为"秘书"、"书记"等，合起来像似一个职称："汉人书记"或是"汉文秘书"，不像人名。努尔哈齐后来追杀他的时候，说过尼堪外兰是他父亲塔克世的部属，显然尼堪外兰是后起的建州领袖。他是否原本为汉人，此事无法证得，不过从他的名字似可相信他一定略通汉文的。

还有阿台被杀的事，清官书中说"城中人……遂杀阿太以降"。但当时或稍后的人对阿台之死，也记述不一。如《万历武功录》中作："李成梁出边百里外，追袭至古勒寨，击破之，斩阿台、阿海等首虏。"《明史纪事本末》则记："成梁用火攻冲其坚，经两昼夜，阿台中流矢死。"

阿台死后，标志着王杲势力的彻底消灭，而建州女真却因古勒之战又崛起了另一个少年英雄努尔哈齐。万历十一年对大清帝国的诞生实在是太重要的一年了。

努尔哈齐父祖被明兵"误杀"后，李成梁对他进行抚慰工作，颁给他敕书，送他马匹，可能还建议朝廷授他指挥使职位。不过明朝辽东官员却又帮尼堪外兰在甲版筑城，扶持他为"建州主"，这使努尔哈齐甚为不满。

当时建州部族主要分为苏克苏浒河部（今辽宁省苏子河）、浑河部（今辽宁省浑河北岸）、完颜（又称王甲、王家，在今吉林省通化以南）、栋鄂（又作董鄂，今辽宁桓仁县附近）。这些部族见到明廷支持尼堪外兰，大家都远离努尔哈齐，甚至连觉昌安诸兄弟的子孙也投附尼堪外兰了。努尔哈齐不敢得罪明朝，只好暗中联络一些不满或仇恨尼堪外兰的建州部小首长，如苏克苏浒河部萨尔浒城主卦喇以及其兄弟诺米纳、嘉木湖城主噶哈善、沾河寨城主常书、扬书兄弟等人，集成一支力量，大家对天盟誓，反抗尼堪外兰。另一方面，由努尔哈齐出面向明军要求："杀我祖、父者，实尼康外郎（尼堪外兰音译异名）唆使之也，但执此人与我，即甘心焉。"明廷没有回应他，努尔哈齐便借此含恨兴兵，声称为父祖复仇，向尼堪外兰宣战。

当时努尔哈的实力实在不大，各部支持他的不过百人，他父亲也只"遗甲十三副"，他在万历十一年（公元1583年）五月，向尼堪外兰的驻地地图伦城进攻。据说在出兵之时，与努尔哈齐盟誓的萨尔浒城诺米纳"阴助尼堪外兰，漏师期，尼堪外兰得遁去"。不过图伦城被努尔哈齐攻破了，总算是获得了第一场战争的胜利。

二十五岁的努尔哈齐竟打败了明军支持的"建州主"尼堪外兰，这位新崛起少年英雄顿时崭露了头角，也窜升了地位。但是他很沉着，先提出"顺者以德服，逆者以兵临"的策略，拉拢一些游离分子，即使对诺米纳这样的叛徒，他也不动声色，不跟他力拼，而伺机以智取的方式对付他。果然不久之后，诺米纳派人来邀约努尔哈齐一同攻打浑河部的巴尔达城，努尔哈齐佯装对诺米纳毫无怀疑之意，在临战之时，他发现诺米纳不肯上阵，努尔哈齐便以计又取得了一城，并解除了诺米纳的势力。清朝官书里对这件事是这样写记的：

> 太祖（指努尔哈齐）曰：尔（指诺米纳）既不攻，可将盔甲、器械与我兵攻之。诺米纳不识其计，将器械尽付之。兵器既得，太祖执诺米纳、鼐喀达杀之，遂取萨尔浒城而回。

图伦城、萨尔浒城取得之后，苏克苏浒河部大体上被兼并了，努尔哈齐对新收复城市的居民都很好，让他们安居乐业。不过努尔哈齐自家的宗族戚友中却有一些人对他继承父祖职位、得到敕书相当不满，甚至还想加害于他。先是"长祖、次祖、三祖、六祖之子孙同誓于庙，欲谋杀太祖"。后来又有人将努尔哈齐侍卫与妹夫噶哈善给杀了，努尔哈齐也险些遭害，调查之后，竟是努尔哈齐的继母主使的，家族亲人竟无情残毒至此，令努尔哈齐十分伤心。

努尔哈齐为了给妹夫噶哈善报仇，追杀凶手萨木占，先在马尔墩寨发生激战，后来又率兵进攻栋鄂部的齐吉答城，因兵力不足又遇大雪，无功而返。途中在翁科洛城的进攻战役中，努尔哈齐身受重伤，但他仍继续勇敢作战。不久后努尔哈齐又挥兵攻打栋鄂部，最后完全吞并了栋鄂部，这一年是万历十二年（公元1854年）。

万历十三年二月，努尔哈齐先出兵攻哲陈部的界凡城。哲陈部也是建州女真的一小部，北接完颜部、哈达部；南邻苏克苏浒河部；西界浑河部，居浑河上游。当时因界凡城中人预先知道攻城的事，做了准备，努尔哈齐也因人少而回兵。没有想到在归途接近太兰岗时，界凡与巴尔达等城城主纠合四百多人前来追击，努尔哈齐拼命迎战，结果砍杀了界凡城主讷申，另一首领巴穆尼中箭身亡。努尔哈齐回到自己老寨子整顿兵马战具之后，于同年四月再征哲陈。因洪水突发，不便行军，努尔哈齐于是只带领铁甲兵三十、棉甲兵五十，继续前进。哲陈部人探得消息以后，纠合巴尔达、章佳、托木河、萨尔浒、界凡五个城主兵丁八百多人，以逸待劳的伺机伏击。努尔哈齐在路上突遇敌兵，与幼弟穆尔哈齐率众奋勇向敌。由于哲陈各部来兵系临时集合，指挥不一，被努尔哈齐杀得死伤二十多人，阵容大乱，纷纷争渡浑河逃命。清官书中夸张地描写说："今日之战，以四人而败八百之众。"实属过分，不过努尔哈齐的勇猛善战是毋庸置疑的。一年以后，努尔哈齐再派兵取哲陈部的托漠河城。万历十五年，努尔哈齐麾下勇将额亦都率兵攻哲陈部巴尔达城，"骁卒先登……跨堞而战"，终于消灭了哲陈部。努尔哈齐慰劳兵士凯旋，特别到城外郊迎并与额亦都行抱见礼，大宴兵士并予赏赐。

努尔哈齐虽兼并了苏克苏浒河部、栋鄂部，而哲陈部也在稍后被灭；但是他心中最恨的，也是与他争领导地位的尼堪外兰仍逍遥在外，这件事始终令他无法释怀。尼堪外兰从图伦城逃脱之后，先在甲版城暂居。努尔哈齐后来也追杀到甲版城，尼堪外兰又得到诺米纳的通风报信而逃到鄂勒珲城地方。万历十四年七月，努尔哈齐听到密报，得悉尼堪外兰的藏身地，于是他又率兵攻打座落在浑河岸边的鄂勒珲城，城池是被攻陷了，但不见尼堪外兰的身影。努尔哈齐气恨至极，在城里乱杀了十九名汉人，又虐待了六名中箭伤的汉人，努尔哈齐在这场混战中自身受大小三十多处刀伤。尼堪外兰则逃到明朝边墙外请求庇护。明军见尼堪外兰不值得扶助，便任听努尔哈齐属下兵追入边墙捕杀了尼堪外兰。从此努尔哈齐报复了先人的仇恨，也为自己奠定了未来事业的基础。

明军让努尔哈齐入明边墙捕杀尼堪外兰，表明了对努尔哈齐的认可，因而建州女真各部也望风归附，如苏完部部长索尔果、董鄂部部长之孙何和理、雅尔古部部长扈拉瑚等都在万历十六年率众来归了。万历十六年九月，努尔哈齐又挥兵克完颜城，灭完颜部，建州女真的统一事业于焉告成。

努尔哈齐统一建州女真之后，统辖的地区大体上说来，东起鸭绿江与佟家江，西抵辽东边墙的抚顺关、清河堡一带，南近叆阳门、孤山堡、宽甸等地，北面包括英额流域。疆域可观了，小王朝的局面粗具了。

努尔哈齐经过五年的奋战，杀死了仇人尼堪外兰，统一了建州三卫的女真，奠定了龙兴事业的初步基础。他为了巩固胜利成果，为了建立统治中心，在万历十五年（公元1587年)开始于呼兰哈达山下东南方嘉哈河与硕里河汇合处"筑城三层，启建楼台"，并"定国政，凡作乱、窃盗、欺诈，悉行严禁"。努尔哈齐以女真旧俗称自己"淑勒贝勒"（满语sure beile，聪睿部族首长之意)，不过朝鲜人说他在这座新城里"自中称王"，这可能与他写给朝鲜国王信中用"女直国建州卫管束夷人之主"的名号有关。有趣的是明朝政府在努尔哈齐建城定法制之后，还任命他为"都督佥事"，颁给建州左卫的印信，无异于助长了他的气焰。

建州左卫的印信，原是永乐年间由礼部制造颁给第一任左卫都指挥猛哥帖木儿的。后来猛哥帖木儿被杀，由董山、脱罗等人执掌。嘉靖年间被王杲、阿台窃夺，也可能曾被尼堪外兰使用过，现在由明廷正式让努尔哈齐掌管，承认了他在建州女真诸部中合法的统治地位。

努尔哈齐在呼兰哈达山下建造的这座三层宫殿新城称为"费阿拉城"，满文费阿拉 fe ala 是"老、旧"(fe)、"岗"(ala)之意。呼兰（hūLan）意为烟筒，哈达（hada）可作山峰、平台解，所以有烟筒山、灶突山之称。费阿拉与前面提到过的赫图阿拉两座城都常被称为"旧城"或"老城"，所以有稍加解释的必要。

赫图阿拉是努尔哈齐祖父觉昌安的旧居地，清朝皇家子孙日后也很重视这座发祥城市，所以清太宗皇太极在努尔哈齐死后定赫图阿拉为兴京，因而也有称为老城的，另外因兴京赫图阿拉曾是努尔哈齐称"建州汗"的所在，后来迁都盛京（沈阳），赫图阿拉比沈阳早为都城，所以有"老城"之称。但是北距赫图阿拉五华里左右的费阿拉城比赫图阿拉更早就成了政权中心，所以光绪《兴京乡土志》一类书中，记费阿拉为"旧老城"，盖与赫图阿拉称老城相对而言。

费阿拉是怎样的一个城市，清官书中没有作进一步的描述，我们最多只能考证出它西距现在辽宁省新宾县永陵镇东南，约八华里的一处平岗上。所幸费阿拉城建成后约八年的时间，有位名叫申忠一的朝鲜使臣到了这里拜访努尔哈齐，而且他仔细并翔实地记录了这座旧老城的原貌。

申忠一在他所著的《建州纪程图记》里有如下的一些关于费阿拉的记述：

一、城分内外两城，"外城先以石筑，上数三尺许，次布椽木；又以石筑，上数三尺，又以椽木，如是而终，高可十余尺，内外皆以粘泥涂之。无雉堞、射台、隔台、壕子。

二、外城门以木版为之，又无锁钥，门闭后，以木横张。……上设敌楼，盖之以草。内城门与外城同，而无门楼。

三、内城之筑，亦同外城，而有雉堞与隔台……城上设候望板屋，而无上盖，设梯上下。

四、内城中胡家百余；内城内设木栅，栅内奴酋居之。近亲族类亦居之。

五、外城中胡家才三百余，诸将及族党居之；外城外胡家四百余，皆军人云。

六、外城门闭，而内城不闭。

七、昏晓只击鼓三通，别无巡更、坐更之事。

八、城中泉井仅四五处，而源流不长，故城中之人，伐冰于川，担曳输入，朝夕不绝。

另外申忠一也说木栅城内有神殿、鼓楼、客厅、阁台、楼宇等，楼宇最高三层，上盖丹青鸳鸯瓦，墙涂石灰，壁绘人物，柱椽画彩。同时他也记了当时努尔哈齐属下兵力已达一万五千余人，并有浙江人龚正陆为他掌理汉文文书。申忠一带回去一件努尔哈齐致朝鲜国王李昖的回帖，文中有"我屡次学好，保守天朝九百五十于（余）里边疆"，这回帖就出自龚正陆的手笔，难怪朝鲜人说他"文理不通"；不过努尔哈齐如此谦虚说话，是想藉朝鲜国王之口，上报明朝，为他说些好话，掩饰他的叛逆野心。

努尔哈齐一面对明朝佯装恭顺，一面却在扩张自己的实力。自从在费阿拉"称王"后，他与女真若干部落建立联姻关系，例如万历十六年（公元1588年），他个人先娶哈达贝勒扈尔干女儿为妻，不久后又娶叶赫贝勒纳林布禄妹为妻，与作为明朝辽东屏障的"南关"、"北关"增加姻亲友好关系。同年内他又将自己长子褚英的女儿嫁给苏完部费英东，招董鄂部来归的何和理为女婿（额驸），并收雅尔古部的扈尔汉为养子，这些举动都是有其政治目的的，是为增强自己实力而做的。

努尔哈齐的种种作为确也引起过明朝官府的注意，如辽东巡抚顾养谦在万历十五年十一月就向朝廷奏报："奴儿哈赤日骄。"第二年正月，他又说："奴儿哈赤者，建州黠酋也，骁骑已盈数千。"恳请皇帝严加注意。可是明朝因政治腐败，灾荒连年，对付蒙古入侵已不暇，根本无法再作进一步整顿辽东的事务，一心想把努尔哈齐培植成为第二个哈达式王台，用以西御蒙古，东隔建州，保证辽东局势的稳定。同时努尔哈齐也表现得非常"恭顺"，像在万历十六年女真"贼首"克五十犯柴河堡时，努

九

建立旧老城政权

尔哈齐将他捕获，斩首进献。对于明朝执行的支持哈达政策，他也一直服从，并在万历十八年及二十一年亲自两度进京朝贡，对天朝大皇帝礼敬有加，实在找不出要征讨的理由，也正因为如此，努尔哈齐的势力日见坐大了。

努尔哈齐建费阿拉城之后，不但自身地位与实力因此大为提高，在明代女真族历史上也具有一种划时代的意义。在此之前，女真各部各自为政，分散发展，没有法律约束，生产也缺乏统一的管理、财产没有不被侵犯的保障，社会秩序更是随时会脱序。可是努尔哈齐在费阿拉称王了，以法制来"禁悖乱，戢盗贼"，这不仅标志着一个专制国家政权的诞生，也表明了女真族人中有一部分已度过了漫长的原始社会，跨进了文明发展的新时代了。

十
九部联军之役

在努尔哈齐统一建州女真之后，尽管与叶赫、哈达两部缔结姻亲，但彼此间的关系未见和睦增进，相反地，猜忌更多了，斗争更激化了。

叶赫与哈达是海西女真中的强大部族。海西是因为这些部族原住海西江（松花江）流域而得名的。海西女真后来形成扈伦四部，到明末隆庆与万历年间，四部的位置大约是：哈达部以东辽河支流哈达河（大、小清河）为中心，东以大小清河和辉发河的分水岭为界，与辉发部为邻，南边以柴河与英额河的分水岭为界，接邻建州女真，西入广顺关通开原，明朝称哈达为南关。叶赫在开原东北，入镇北关通开原，南邻哈达，明朝称之为北关。扈伦四部的另外两部是辉发与乌喇，辉发部以辉发河流域为中心，北邻乌喇，南接建州，东达长白山女真，西连哈达部。乌喇部则在今吉林市北，乌喇街镇为中心的松花江两岸，北为卦尔察、锡伯两部，南邻辉发，西南为叶赫部。

扈伦四部中明朝原本看重哈达，极力支持该部，因而当王台等人为哈达首领时，不但能号令扈伦四部，同时建州与东海各部也受他们的控制。不过，自王台死后，其子孙内讧互斗，叶赫部见机串通哈达部中亲叶赫的

十

九部联军之役

37

首领，勾引蒙古兵来侵犯哈达，明朝不满叶赫的这种"反叛"行为，李成梁还对叶赫用过兵，并杀掉首领杨佳努与清佳努两兄弟；但是哈达部内问题过多，万历十九年（公元1591年），叶赫部人杀哈达部长歹商，以亲叶赫的孟格布禄为哈达的傀儡领袖，事实上哈达已成了叶赫的附庸。

叶赫部所以能如此为所欲为，这是与当时明朝倾全力出兵朝鲜抵御日本的侵略有关。辽东兵力空虚，无暇也无力顾及女真事务，叶赫与努尔哈齐统一后的建州都放胆蠢动了，当然叶赫与建州也因此摊牌争夺霸主地位了。

万历十九年（公元1591年），叶赫首先发难，部长纳林布禄遣使到费阿拉向努尔哈齐索要土地，派来的使臣说努尔哈齐兼并的土地过多，应将额尔敏、札库木二地，分给叶赫部。努尔哈齐回答说：我部是建州，你们是扈伦，你的疆域虽大，我不能夺取；我部虽然广，你也不能随时夺得。况且土地不比牲畜，哪有分给之理？

叶赫部的分土要求没有得到满足，纳林布禄颇不甘心，乃又召集哈达与辉发首领，以三部首长名义，再遣使建州。使臣到费阿拉城后，说明来意，并称：

> 我主云：欲分尔地，尔不与；欲令尔归附，尔又不从。倘两
> 国兴兵，我能入尔境，尔安能蹈我地耶！

努尔哈齐认为叶赫等部首长欺人太甚，出言无状，在盛怒之下，在来使面前，以佩刀砍断了桌面，并对他们说：

> 尔叶赫诸舅，何尝亲临阵前，马首相交，破胄裂甲，经一大
> 战耶？若哈达国孟格布禄、戴善，自相扰乱，故尔等得以掩袭
> 之，何视我若彼之易也？况尔地岂尽设关隘，吾视蹈尔地如入无
> 人境，昼即不来，夜亦可往，尔其奈我何？昔吾以先人之故，问

罪于明，明归我丧，遗我敕书、马匹，寻又授我左都督敕书，已而又赉龙虎将军大敕，岁输金币。汝父见杀于明，曾未得收其骸骨，徒肆大言于我，何为也？

最后努尔哈齐还写了回帖，派人送交叶赫贝勒布斋与纳林布禄。叶赫等首领见努尔哈齐态度强硬，无法谈判，只好诉诸武力了。

万历二十一年（公元1593年）六月，扈伦四部先集合了兵马，攻打建州的户布察寨，抢劫后回兵。努尔哈齐闻讯后率兵追击，两方军士在哈达部富尔佳齐地方相遇，发生激战，建州打败扈伦四部兵，获甲六副，马十八匹，胜利而归。

叶赫等部为复仇并想彻底消灭建州势力，乃于同年九月，以叶赫部贝勒布斋、纳林布禄为首，纠集了哈达贝勒孟格布禄、乌喇贝勒布占泰、辉发贝勒拜音达里以及长白山朱舍里、讷殷二部、蒙古科尔沁、锡伯、卦尔察三部首长，共为九部，合兵三万，分三路直扑建州。

努尔哈齐得悉九部集合大军前来，他先下令加强探哨，以了解敌军动向，又增设防备，以御来军。探哨后来传来正确情报，知道九部军已在浑河北岸扎营，营火密集，多如繁星。增设防备方面，则在古勒山区据险设兵，诱敌深入，不仅道旁埋伏精兵，同时在山险要地放置滚木、雷石等物，采居高临下，依险固守战略，希望以伏兵致胜，不作正面火并。更重要的是，在大战前夕，努尔哈齐又向自己的军队讲话，鼓舞士气，他说：

尔众无忧！我不使汝等至于苦战。吾立险要之处，诱彼来战。……彼若来时，吾迎而敌之；诱而不来，吾等步行，四面分列，徐徐进攻。来兵部长甚多，杂乱不一。谅此乌合之众，退缩不前，领兵前进者，必头目也。吾等即接战之，但伤其一二头目，彼兵自走。我兵虽少，并力一战，可必胜矣！

建州兵被努尔哈齐的讲话感动，个个同心，准备迎接一场关系生死存亡的大战。

九部军虽然在兵力上处于优势，但盲目进军，战况不明，加上努尔哈齐已设下了陷阱，形成对他们不利的局面。他们先攻札喀城不克，再攻黑济格城又失利，士气已经为此受挫了。努尔哈齐又命勇将额亦都到阵前刺激叶赫贝勒，致使布斋率兵冲到阵前。布斋驱马过猛，触撞木墩蹄倒于地。建州兵丁武谈立即快速扑向布斋，连斩数刀，将来者杀死。叶赫部的另一贝勒纳林布禄见兄长被杀，一时悲痛不已，最后竟昏厥倒地。士兵们慌忙上前抢回布斋尸体，并扶纳林布禄回营。其它各部贝勒见状，纷纷弃众奔走。真如努尔哈齐所预料的："但伤其一二头目，彼兵自走。"不过"自走"也不容易。蒙古科尔沁明安贝勒逃得很狼狈，据说"马被陷，弃鞍，赤身体，无片衣，骑骠马"，总算保全了性命。乌喇贝勒布占泰则是逃走不成，被努尔哈齐部下逮捕了。此次战役，努尔哈齐是以智取胜，到九部联军溃散时，才命令麾下铁骑，从古勒山上冲下追杀，联军"兵马填江而死者不知其数"，"积尸遍野"，这是当时朝鲜人的说法。

清朝后来编纂的官书说：是役杀布斋及其下兵丁四千人，俘乌喇布占泰，获战马三千匹，铠甲一千副。以上所列的战果是否夸张姑且不论，但从明末女真各族的生存发展史上来看，这场大战实在太重要了，影响也是非常深远的。因为这一战是努尔哈齐统一各部女真的关键点，建州的胜利改变了努尔哈齐与其他各部女真首领力量的对比，建州从此"军威大震，远迩慑服"，大清帝国的基石由此奠定成功，而扈伦四部及其他女真则逐渐步上被建州兼并或灭亡之途了。

十一
灵活的扩张策略

努尔哈齐击败九部联军之后，不但他个人威名大震，建州部在女真各部中的地位也起了有利的转变，形成建州、叶赫、乌拉"三足鼎立"的局面了。

对于战后的善后工作，努尔哈齐采用了不同的但灵活有效的处置对策。首先，他在战争结束后不久，即同年十月间乘胜招服了长白山的珠舍里部。随即于闰十一月又攻下了讷殷七村人聚居的佛多和山（今吉林安图县二道白河公社），并斩杀了该部首领搜稳、寨克什等人。表面上是惩罚珠舍里与讷殷二部的参加联军行动，事实上是借以完全统一建州女真并收取其参貂之利，增强建州的实力。

努尔哈齐并没有对所有九部联军成员进行报复，像对蒙古科尔沁部就以友好态度向他们示好，"选所获蒙古人二十，被锦衣、骑战马，使还"。科尔沁贝勒翁阿岱为了增进友谊，也送来"战马一百匹，骆驼十头，作为还礼以通好"。由于彼此表现了真感情，从此建州与科尔沁的使臣往来不断，除了其间偶有不快事件发生外，科尔沁成了日后大清朝的姻亲与亲密战友。

对于扈伦四部，努尔哈齐则采取多重标准。叶赫与乌喇是四部中的强者，努尔哈齐与他们结亲和好。叶赫部将被杀的布斋女儿许配给努尔哈齐为妻（当时女真没有"仇雠不婚"的观念，努尔哈齐也同意了；不过后来叶赫毁婚，将此女转嫁蒙古，成为后来努尔哈齐攻打明朝的"七大恨"兴兵原因之一）。叶赫除嫁女之外，又与建州盟誓，对天誓言要彼此和好。

乌喇贝勒布占泰在九部联军大战中被俘，努尔哈齐不但没有杀他，反而恩养了他几年，而且又把自己的女儿穆什库与胞弟舒尔哈齐的女儿额实泰与娥恩哲许配给他为妻。他在建州居住了四年，努尔哈齐后来又派人送他返回乌喇，接替他哥哥满泰为乌喇部首领，努尔哈齐对布占泰可谓恩重如山，当然这也是为结交一个偏远地区的盟友而施行的一种特殊战略，希望乌喇能成为建州的忠顺附庸。

然而对于扈伦四部中较弱的两部：辉发与哈达，努尔哈齐使用的手段就不同了。万历二十三年（公元1595年），建州兵毫无借口地攻陷了辉发部南方门户多壁城（今梅河口市北山城子），作为将来消灭辉发的准备。哈达部则内部斗争不已，又是叶赫的附庸，努尔哈齐根本不视为重要问题。

惟一让努尔哈齐担心的是明朝，因为他的实力增强得那么快，疆域扩大得那么多，明朝不会不小心提防的。因此努尔哈齐对明廷则表现了加倍"忠顺"的态度，自万历十八年（公元1590年），尤其是九部联军战后到万历二十三年（公元1595年）之间，他亲自到北京朝贡，表现忠明的诚心。他还不断地乞求明朝给他封官，说明他毫无称王叛逆的心意。以万历十八年入京进贡为例，《明神宗实录》里就作了如下的记载：

> 建州等卫女直夷人奴儿哈赤等一百八员名，进贡到京，宴赏如例。

当时努尔哈齐还是都督佥事职衔，他率领了一百零八人，带着人参、貂皮、东珠、蜂蜜等辽东珍贵产物，入京朝贡与贸易。明朝照例的赏物品大约是彩缎一表里、绢四匹、折纱绢一匹、素纻丝衣一套、靴袜各一双等。另赐大宴，允许朝贡人开市贸易三天，然后返回居地。

万历二十年，他又上奏文请求明朝皇帝给他升官，这件事也在《明实录》中记录了：

> 建州卫都督奴儿哈赤等奏文四道，乞升赏职衔、冠服、敕书
> 及奏高丽杀死所管部落五十余名，命所司知之。……

可见这一年努尔哈齐确实上书朝廷请求"升赏职衔"，但皇帝并没有答应加封，只"命所司知之"。

三年之后，《明神宗实录》里记载了蓟辽督臣赛达的奏报，说：

> 奴儿哈齐忠顺学好，看边效力，于二十三年加升龙虎将军。

由此可知：努尔哈齐在明朝君臣面前所做的工作是非常成功的。在此后的二十年间，他还是不断地进京朝贡，尽管他一直在辽东扩展势力，进行统一扈伦四部与东海野人女真的军事行动，可是明朝君臣始终以为他是忠诚"看边夷人"，没有对他动过围剿的念头，直到他"建都"、"称汗"，蓟辽督抚中还有人称赞他"唯命是从"，"称汗"不过是"小丑跳梁"的把戏，不足为畏！你能不说明朝君臣昏庸到可怕、可悲的程度吗？

除了对明朝与不属他统辖的蒙古、女真各部采取不同策略之外，努尔哈齐对被他兼并的女真部人也推行了一套强有力的措施，以扩张自己的实力。他对于一些自由行走生息的女真属人，不论是他们越境到朝鲜采参、掠夺，或是投奔朝鲜定居的，下令一概禁止，而且声明要捉拿他们的家口，判处苦役，或是极刑处斩问罪。如此一来，很多女真属下人不敢随意行走了，努尔哈齐则从此在人口、劳力、兵源等方面不致流失，这对建州

农业生产与军事行动都是有利的。

其次，因为人口的增多，社会的相对安定，建州的农业生产也获得了长足的发展。据朝鲜人申忠一亲身观察，在万历二十四年时，他看到旧老城费阿拉周围一带，土地普遍开垦、耕种，山地上也大都种植了稷、粟、黍等作物。另据《朝鲜李朝实录》所记建州田亩产量达到相当高的水平，良田斗粟下种可以生产八九石，最低的产量也到达一石多。建州农业生产力量大增，部族的势力当然也就强大了起来。

女真各部的军事行动，以往是少有严密组织并无法纪管束的，部下愿进则进，想止即止，首领无权也不敢干涉，更无军法去加以制裁。努尔哈齐先以名为"牛录额真"（nirui ejen，牛录大箭意，额真主也）的长官，对部下属人进行编制，使部下有组织、有带领指挥的。后来到万历二十三四年间，又按军人所使用的武器和技能分为"环刀军、铁锤军、串赤军、能射军"。每军又各有旗帜，旗分青、黄、白、黑、赤五种，这是八旗制的由来。

最后还有一点是努尔哈齐从经验中得到的，就是要吸收与利用汉族人士，因为只有汉族人士的参与，建州在生产事业上、物质生活提升上，以及政府机构的组织完备上才能得到长足的进展。据当时到费阿拉与努尔哈齐洽谈公事的人说：除了龚正陆以外，还有"唐人教师方孝忠、陈国用、陈忠"等人，这些汉人知识分子留居建州，对传播先进文化、培养人才、治理国家都起到了重大的作用。

以上的这些对内、对外扩张策略，对努尔哈齐自身统治地位的加强，对建州小朝廷政府的强化都有极大、极多的裨益，也对建立大清帝国奠定了进一步的成功基础。

努尔哈齐在九部联军战后虽与扈伦四部杀了白马、黑牛，对天盟誓，大家讲了"永敦和好"、"福寿永昌"的话；但是彼此的诚意不够，结盟只是短暂之事。万历二十六年（公元1598年）正月，乌喇贝勒布占泰为讨好叶赫，把安楚拉库与内河两地献给了叶赫，而叶赫又路劫建州的将领穆哈连交给蒙古，这些行为都是违反当初大家盟誓的，努尔哈齐闻讯后，随即派幼弟巴雅喇、长子褚英等人率兵一千，火速行军，一举攻下安楚拉库、内河二地及屯寨二十多处，俘获人畜一万多口，从此建州与叶赫再度公开敌对了。不久之后，叶赫的纳林布禄贝勒病逝，其弟锦台什继立为首领，他为报父兄之仇并重振叶赫声威，开始对哈达部进行进一步侵犯，这正好为努尔哈齐造就了消灭哈达的有利条件。

哈达部在万历初年还很强盛，当时王台为部长，颇得明朝的支持，曾因保寨有功，得到明朝授龙虎将军，赐大红狮子绛丝衣一袭的殊荣。不过他在努尔哈齐起兵前不久病逝，其长子扈尔干虽继为贝勒，但部中纷争迭起，势力渐衰。扈尔干为贝勒的时间也不长，死后部内情势更形混乱，他弟弟孟格布禄虽得到统领部族的地位，但王台外妇生的儿子康古六与扈尔干的儿子歹商（又作戴善）也分别得到不少部众的支持，形成鼎析王台遗产的局面。孟格布禄因本身"幼弱，众心未附"，乃依恃母族叶赫，加上康古六的母亲也出自叶赫，哈达因而亲叶赫成为其附庸了。

叶赫曾经以孟格布禄与康古六为内应，联络蒙古军入侵过哈达的歹商，"略资畜，争敕书"。明朝一向以哈达为辽东的中流砥柱，利用他们北隔蒙古、南防建州的。现在见到叶赫的野心，认为"歹商不立，则无海西……全辽之祸，不可胜道"，因而出兵干预，并斩杀了叶赫的贝勒，以扶助歹商。但歹商"为人气弱而多疑，不能善使其左右"，康古六后来又病死，哈达的权力乃归于孟格布禄，实际上就是被叶赫全盘控制着。

九部联军战败之后，歹商被叶赫诱杀，一百三十七道敕书也被叶赫夺去，叶赫部长还不以此满足，更欲夺取孟格布禄手中的三百六十三道敕书，并出兵攻占哈达的土地。哈达力不能敌，孟格布禄乃向建州努尔哈齐求援，并以王子做人质。努尔哈齐立即派大将费英东、噶盖二人领兵两千驻防哈达，协助防卫。叶赫见建州介入，不敢正面与努尔哈齐发生冲突，便暗中通过明朝官员，以书信向孟格布禄游说：

> 尔若执满洲来援二将，赎所质三子，尽歼其兵二千人，我妻
> 汝以所求之女，修前好焉。

孟格布禄一时利令智昏，竟派人去开原与叶赫约会，此事被努尔哈齐悉知，乃决定出兵征哈达。

万历二十七年九月，建州军直扑哈达城下，经过六昼夜的激战猛攻，终于攻陷了大城，生擒了孟格布禄。努尔哈齐为顾及明朝，起初对孟格布禄极为优待，把自己的貂帽与豹裘送给他，并将女儿许配给他为妻。不过到这一年冬天，努尔哈齐则以孟格布禄奸污了他的小妾法赖，又与他的大臣噶盖谋反等罪名，发生了所谓"诬之以罪，杀之"的事件。

明朝得知孟格布禄被杀，立即出面干涉，对努尔哈齐"切责欲问擅杀

猛酋（孟格布禄）之罪，而革其市赏"。努尔哈齐为表示对明廷的"忠顺"，并希望能继续获得"市赏"之利，在万历二十九年以女儿莽古吉给孟格布禄之子武尔古岱为妻，并护送他返回哈达为部族首领。武尔古岱回到哈达后却遇到大灾荒，饥民遍野，他向明廷乞粮而得不到回应，部众"以妻子、奴仆、牲畜易而食之"，大失民心。武尔古岱不得已乃主动投附到建州，不再返回哈达，他所持有三百多道敕书以及人畜、土地与屯寨，从此尽归努尔哈齐所有。哈达部就这样灭亡了，建州并吞扈伦的计划也获得初步的成功。

努尔哈齐灭亡了哈达之后，于万历三十一年（公元1603年）因势力强大，军民日多而将其居城由费阿拉迁到老家赫图阿拉。赫图阿拉满语作"横（hetu）岗（ala）"解，位于苏克苏浒河与加哈河之间，即今辽宁省新宾县永陵镇东六里处的老城，这里是他祖父觉昌安的故居所在，明朝人称它为蛮子城。清朝建立兴盛后，称它为"兴京"，满洲语作yenden（兴旺）hoton（城）。努尔哈齐迁居赫图阿拉之后，又在"城外更筑大城环之"，而他对外行文都称"建州国"，称自己为"建州等处地方国王"了，可见他的实力强大了，称王称汗的野心毕露了。

明末辽东女真视人参、貂皮、珍珠等贵重特产为利薮，而这些特产在野人女真所处的东海与黑龙江等地出产最多，他们若要到开原等地马市出售，乌喇部又是他们的必经之地，然后才能路过扈伦诸部到达明朝设置的贸易市场。这也是努尔哈齐百般忍耐招抚乌喇部长布占泰的原因之一。安楚拉库等地初归叶赫时，努尔哈齐立即派兵星夜抢攻夺得也是为了争参貂之利。哈达部灭亡之后，辉发部成为乌喇与叶赫的中介"居停"之地，参加马市的"买卖夷人"都须经过辉发，再往来于乌喇与叶赫之间，辉发因而发起"居停"生意财了。努尔哈齐为争夺参貂之利，当然对势弱的辉发部动起了征服的念头。

万历三十五年（公元1607年），辉发部的首长拜音达里与族人发生斗争，其叔父七人都被他杀死，众兄弟辈也离德离心，纷纷投向叶赫。拜音达里见情势不妙，自己又没有力量对付叶赫，于是他就以几个村寨首长的儿子作为人质，请建州出兵相助。努尔哈齐见机不可失，乃派兵千人前往驻防。叶赫没有想到建州先派来大军，为了避免战争，只好暗中派人去游说拜音达里，告诉他若从建州召回质子，叶赫也会归还辉发投奔去的人员。拜音达里信以为真，便向建州讨质子，但叶赫部则食言背约，没有送还叛投的辉发部众。拜音达里受了欺骗，心中十分恼恨，又回头向努尔哈齐悔过，并发誓要靠努尔哈齐为生，请赐女子，结为姻亲。努尔哈齐答应了他的请求，但不久后拜音达里又违背了约言，努尔哈齐便决心以"兵助叶赫"、"背约不娶"等罪名，亲自领兵攻打辉发了。

辉发部筑城于辉发河畔的呼尔奇山上（今辉发县城东北十七公里处），南距建州七八天的路程。山城三面环江，断崖绝壁，十分险要，易守难攻。努尔哈齐知道若强行攻打，困难必多，损失必重。他于是利用"买卖夷人"往来"居停"需要，先期派遣了一批军队，分组带着货物，乔装为行商，潜入辉发城内。同年九月，当努尔哈齐率军兵临城下时，潜伏在城内的军卒立刻响应，到处放火杀人，造成秩序大乱，努尔哈齐的大军也在激战后冲入城中，辉发城陷落，拜音达里一族也被诛杀一光，建州兵取得辉发的部众、牲畜、财物后班师，辉发部至此灭亡。努尔哈齐也消除了直接通往乌喇的障碍。

乌喇部居住在乌喇河（今松花江上游）流域，治所为乌喇城，位于乌喇河东岸，与金州城隔河相望。部长布占泰是位善于弓马、骠悍异常的人物。努尔哈齐在九部联军大战中俘获了他，不但没有杀他，后来还护送他回乌喇为部长，并先后与他五次联姻，七次盟誓，主要是想布占泰听命于他，成为他的麾下助手。但是布占泰非常自负，羞于与建州为伍，更不愿屈服在努尔哈齐之下。他被释放回到乌喇之后，一面西联蒙古，南结叶赫，希望能东山再起，与努尔哈齐争雄；一面又竭力争夺朝鲜会宁、钟城、庆源、稳城等六镇的"藩胡"，回归乌喇，成为自己的力量，这当然又是与努尔哈齐相冲突的。

努尔哈齐为了得到松花江、黑龙江和图们江等各处的参貂之利，曾以各种手段联络过东海的野人女真。像万历二十七年正月，就有渥集部虎尔哈部长王格、张格等率众来费阿拉城献狐皮、貂皮，努尔哈齐立即以六位大臣之女配给来使六人为妻。从此东海虎尔哈部岁岁入贡。努尔哈齐又在短时间内收归不少朝鲜边境会宁以西的各处女真。布占泰见建州势力深入迅速，乃在万历三十一年九月，兵分三路将钟城一带女真"焚荡"无遗，获得牛马五百多匹,男妇人口数以千计。同年十二月又以大军进攻稳城女真,并直捣庆源附近,大掠而归。到万历三十五年正月,乌喇军又攻取了瑚叶部(今苏俄东滨海省境内达乌河流域),六镇周围及野人女真多部都受布占泰的控制了。

布占泰的扩张势力,必然引起努尔哈齐的密切关注,他一面向明廷报告,目的是表现对明朝的忠诚,取得明朝信任,并为日后对乌喇用兵预留借口。另一方面他又向朝鲜作通报,以求得朝鲜的谅解,以为日后用兵铺路。努尔哈齐的外交手段真是成功得可圈可点!

万历三十五年正月,东海瓦尔喀部斐优城(今吉林省珲春县境)城主策穆特来建州向努尔哈齐表示,他们虽归附乌喇,但愿意来建州居住,希望努尔哈齐能派兵去接运他们的家属南下定居。努尔哈齐于是就在三月间命胞弟舒尔哈齐、长子褚英、次子代善与大臣费英东、扈尔汉等人,率兵三千前往。舒尔哈齐等人到达斐优收取五百户新附人口,在回返建州的路上,突然遭遇到布占泰的乌喇兵阻截,建州的三千人乃与乌喇的一万大军发生了著名的乌碣岩之战。乌碣岩在图们江畔钟城附近。当两军接战时,费英东等先急令新附的瓦尔喀部人五百户结阵于山巅,以一百建州兵守卫,另以二百战士与乌喇兵对峙,并派人紧急通知后方的诸贝勒。乌喇兵冲杀来时,建州勇将扬古利率众奋勇死战,击败了乌喇前哨兵。当建州后继的大军赶到时,却发生了舒尔哈齐临阵不前的不寻常事件。有人以为布占泰与舒尔哈齐"既为妇翁,又为两女之婿",因而率兵止于山下,没有与乌喇兵作战。这件事种下了努尔哈齐与舒尔哈齐兄弟日后不和的种子。所幸褚英、代善等见众兵畏葸不前,便鼓励兵士们说:布占泰是建州俘虏,曾被铁锁系颈,不足畏惧。众兵听后,士气大振,以一当十的与乌喇兵作殊死战。代善在战争中斩杀了乌喇将官博克多父子,又生擒常住、胡里布等次官,乌喇兵见主将或被杀或被擒,纷纷溃散。建州兵则乘胜追击,大败乌喇兵。据朝鲜人记载,是役乌喇兵死伤惨重,仅死于朝鲜境内的就有三千人,战死于女真地方的可能为数更多。建州兵在战后统计获马五千四，甲三千副，堪称大获全胜。

大军凯旋后，努尔哈齐为奖励战将，特赐褚英"阿尔哈图土门贝勒"美号，代善则美称为"古英巴图鲁"。"阿尔哈图土门"满语作argatu tumen，意为"谋略多端之人"，这是褚英日后被称为"广略贝勒"名称的由来。"古英巴图鲁"满语作guyen baturu，"巴图鲁（baturu）"是"勇者"、"勇士"，"古英巴图鲁"据说是"搜索之勇士"之意。

乌碣岩大战之后，乌喇部的士气大挫，而建州部则到处收编东海女真的各部族人民，兵势之盛，更胜于前。布占泰大败后便与叶赫进一步合作，并加强与蒙古诸部的关系，以对抗建州。万历三十六年三月，努尔哈齐再派长子褚英、侄子阿敏率兵五千，前往乌喇攻打宜罕山城，斩杀了一千多人，获得盔甲三百副，城中人畜当然都成了建州的战利品。褚英等率兵凯归时，布占泰曾与蒙古兵追随了二十里，但未敢上前战斗，极不甘心地看着建州兵踏上归途。

经过乌碣岩与宜罕山城两次战役，乌喇部的元气大伤，当时哈达与辉发也相继被建州灭亡，形势对建州极为有利，努尔哈齐认为以武力消灭乌喇的时刻来临了。

万历四十年（公元1612年）九月，努尔哈齐以布占泰不断背盟并虐待嫁去的侄女，亲自率兵，远征乌喇。随征的有第五子莽古尔泰、第八子皇太极多人，建州军盔甲鲜明，兵强马壮，沿乌喇河而下，连克河西等六城，在距离乌喇城西门二里处的金州城扎营，建州兵放火烧庄，尽毁粮食，布占泰见情势险恶，乃乘独木舟到乌喇河中向努尔哈齐叩头恳求息怒，并请停止烧粮。努尔哈齐则严厉教训他背盟违约，不顾恩情，虐待族女，坏人名誉等事，命令他送人质到建州以示臣服。努尔哈齐不久后返回赫图阿拉，但留兵千人戍守在乌喇河边今伊通县赫尔苏城。

第二年正月，努尔哈齐见布占泰无意送人质来建州，反而有消息他将要把儿女与大臣儿子多人送往叶赫，又有传闻布占泰已囚禁努尔哈齐家族中的二女，这使努尔哈齐大为恼怒，决定再亲征乌喇。

这次再征乌喇，建州部可谓名将倾巢而出，代善、阿敏、费英东、额亦都、安费扬古、何和理、扈尔汉等皆随军出征。努尔哈齐则在三万大军的拥护，张黄盖、吹喇叭、奏唢呐、打锣鼓的雄壮军容下，向乌喇城进军。

建州大军直扑乌喇城之前，布占泰早已在城南的伏尔哈城屯兵三万，准备作一死战。当两军相距百步之遥时，双方下马拼杀。努尔哈齐突然身先士卒，乘骑冲入，诸军士也随后贾勇纵击，大败乌喇兵，杀得尸横遍野，血洒郊原。不久建州兵乘胜攻进了乌喇城，布占泰"仅以身免，投叶赫国而去"。是役建州军"击溃敌兵三万人，斩杀一万人，获甲七千副"，乌喇遂亡。努尔哈齐在乌喇留住十天，赏赉将士，"分配俘虏，编成万户"，带回建州。

努尔哈齐在兼并哈达、辉发期间，同时也对野人女真各部做工作了。万历二十六年他抢夺了安楚拉库、内河二路，第二年又招降了虎尔哈部长王格、张格等人。万历三十五年迁斐优城五百户来建州，同年五月又将现今吉林省敦化县等地赫席赫、佛纳赫、鄂谟和苏鲁等地全部居民并入建州。万历三十七年至三十九间，先后再取得乌苏里江上游窝集部的瑚叶（又作潕野）部、绥芬河与牡丹江流域的那木都鲁、绥芬、宁古塔、尼马察各部、穆陵河上游的乌尔古宸、木伦等部以及图们江北的扎库塔城。等到消灭乌喇之后，建州军更远征今日本海西岸沿锡林、雅兰河居住的虎尔哈部，势力已经伸展到了今天俄国境内。

从万历二十六年到四十三年的十八年间，努尔哈齐从东海野人女真各部取得人口至少五万人，而建州的版图已扩大到了图们江、乌苏里江以及东面沿海的广大区域。这些成就不但为努尔哈齐解决后顾之忧，也为他未来南征明朝奠定了一定的基础。

叶赫是扈伦四部中最强大的一部，兵强马壮，治所中有坚城两座，多年来常有两位部长来领导。自从万历十三年李成梁诱杀叶赫清佳努与杨佳努后，清佳努之子布斋与杨佳努之子纳林布禄便分别继承为贝勒。九部联军大战时，布斋阵亡，纳林布禄"因念其兄，昼夜哭泣，不进饮食，郁郁成疾"，后来也病死，于是布斋之子布扬古与纳林布禄之弟金台石乃继位为部长。

布扬古与金台石上台后，对建州采取的是友好政策，不但与建州结盟，同时还与努尔哈齐家族结亲，表示要永远和好。不过明朝与建州之间存在着若干问题，影响到叶赫的态度。因为基本上明朝对辽东女真的政策是"分而治之"，不能让势力大的相互结好，形成更大的力量。因此叶赫与建州是不能"福禄永昌"团结在一起的。再说叶赫与建州之间也有着不少新仇旧恨，结盟、通婚也只是为政治目的的一时权术而已。除了"分而治之"的传统政策之外，建州因势力渐强，确实与明朝发生过一些冲突，例如朝贡的事，建州在并吞哈达之后，常常不按期，甚至不贡。就中国古代封贡关系言，属夷不贡，就是"犯顺"，罪名是不小的。又如建州属下的女真，经常越界挖掘人参，也有汉人私入建州偷偷进行采捕特产的，双方纠纷层出不穷。还有在马市上买卖人参等贵重物产时，努尔哈齐常常"强裁参斤，倍勒高价"，给贸易造成不少难题。加上努尔哈齐又"勾结西房"、"潜通朝鲜"，在在引起明朝对建州的关注与不满。

南关哈达被建州兼并了，明朝为了维持辽东相互牵制的局面乃大力支持叶赫，使叶赫成为真正的"北关"，配合北面的乌喇，东面的朝鲜，南面的明军，形成一个对建州包围的形势。

可是努尔哈齐的策略更是高明，他权衡利弊轻重以后，对明朝还是表现得"忠顺"非常。明朝对他"停贡"、"停市"作为经济制裁，他却以谦卑的态度"叩关甚切、求贡甚切，谕之撤车价则撤，谕之减人数则减"，一切遵从明朝命令。明朝本来力助叶赫牵制建州的，但是见到建州又是如此恭顺，一时又犹豫了起来，变得不坚定了，甚至幻想努尔哈齐会"相安于无事"，明朝的辽东政策实在大有问题。

万历四十一年，乌喇被建州大军消灭，布占泰逃亡到了叶赫，努尔哈齐三次遣使叶赫，要他们交出布占泰，但叶赫没有依从。同年九月，努尔哈齐统兵四万人征叶赫，攻克名叫张与吉当阿的二路，并纳降了兀苏城的守将山谈、崑什木等人，后来发现叶赫兵有备，而努尔哈齐又认为自己"素无积储，虽得人畜，何以为生？"，乃焚庐舍、携降民回师了。事实上，建州夺取了兀苏城之后，明兵得到了消息，随即派出游击马时楠、周大歧率兵千人来援，并携带火器，这可能是建州退兵的另一主要原因。

万历四十七年（公元1619年）正月，当时已是萨尔浒山大战的前夕，努尔哈齐再次率领大军征叶赫，一路俘获大量人民、畜产、粮食与财物，尽毁叶赫城十里外大小屯寨二十多处。叶赫向明军求援，开原总兵官马林率合城兵往救，建州兵才退回。

同年二月，明朝经略杨镐兵分四路进攻建州老巢赫图阿拉，但为努尔哈齐所败。六七月间乘胜攻陷开原、铁岭，八月便发动毁灭叶赫的战争了。

当时叶赫贝勒金台石住东城，贝勒布扬古住西城。东城依山修筑，坚固险要，建州大军也以攻东城为主要目标。努尔哈齐亲率兵将抵达叶赫城下时，金台石与布扬古曾经统兵出战，两军混战多时，叶赫贝勒见形势不敌，乃入城坚守。代善等督军围布扬古所住之西城，努尔哈齐则统兵围金台石之东城。

东城被围后，努尔哈齐便命将士架云梯冒矢登城，城上守军则发巨石、推滚木、掷火器、射弓矢，战况惨烈，死伤甚重。最后努尔哈齐命士兵挖城墙、置火药，如此冒险抢攻，才打进内城。叶赫兵乃四处溃散，金台石逃上禁城的八角楼，作最后的抵抗。

金台石是皇太极的舅父，努尔哈齐命皇太极从西城赶来劝降。金台石以为可以得到收养而不致被杀，没有想到努尔哈齐的儿子皇太极对他说："生杀惟父皇命！"金台石三次拒降，并说出："大丈夫岂肯受制于人乎？"随即引弓杀守台军士，夺路直入后室，举火自焚。努尔哈齐部下则冒险进入火场，俘虏了金台石，后被缢杀而死。

东城陷落之后，西城人心惶惶，军心也渐趋涣散。布扬古见孤城无援，又在代善等人率领的大军环攻下，情势相当危急，他于是派堂弟吴达哈领兵巡御。吴达哈见来兵声势强大，盔甲鲜明，他心惊胆裂，遂"携妻孥开门出降"了。代善等四大贝勒兵乃轻易进入西城，包围布扬古的居所。大贝勒代善劝布扬古出降，布扬古疑惧而在犹豫，代善则以佩刀划酒对布扬古说：

> 今汝等降，我若杀之，殃及我；汝俾我誓，饮誓酒而仍不降，惟汝等殃。汝等不降，破汝城，必杀无赦！

代善向布扬古作了投降不杀的保证，并自饮誓酒一半，另一半送给布扬古，布扬古乃命属下打开居所大门投降了。努尔哈齐因痛恨叶赫，而扈伦四部都已灭亡，留下布扬古恐日后为明朝利用，乃以他跪拜礼节不恭为由，最后还是缢杀了布扬古。

叶赫东西两大城都被攻陷之后，其他所属各城纷纷归顺。当时明朝派来一千兵在叶赫协防，努尔哈齐也不为他们留生路，全部予以歼灭。叶赫部至此彻底走入历史，明朝也失去另一屏障——北关。

据《旧满洲档》的记载：

（叶赫降民）父子兄弟不分，亲戚不离，按照各家原来的情况带回来了。不动女人穿着的衣服、不夺男子所带的弓箭，各家的财物也由各主收拾保存。

叶赫部人被迁徙到建州势力范围区内，入籍编旗，成为努尔哈齐与他属下贵族、大臣的臣民了。加上多年来统一建州女真、扈伦诸部以及东海女真所取得的大量人口，满族共同体形成了，中华民族中另一大成员诞生了。

努尔哈齐统一了建州与海西女真之后，又恩威并用地主宰了野人女真中主要地区。明代早年奴儿干都司所管辖的土地，几乎全为努尔哈齐所有了。为了成就更大的事业，努尔哈齐不得不对西边漠南蒙古与东面的朝鲜做些有利于自己的工作。

努尔哈齐对蒙古的初期策略

明朝建国时，元朝的蒙古势力并未被消灭，而只是逃回蒙古草原。明初以瓦剌、鞑靼、兀良哈三大势力闻名，他们之下又有很多大小部众，有时互相联合，有时互相侵攻，对明朝也是有顺有犯，和战无常。

明末万历初年，游牧在女真附近的有科尔沁蒙古、内喀尔喀蒙古、察哈尔蒙古，他们都是鞑靼蒙古的后裔，其中察哈尔蒙古是成吉思汗的正宗余裔，在当时势力最强，影响力也最大。努尔哈齐兴起之后，与蒙古各部关系，也可以说就是与这三部的关系。

科尔沁蒙古驻牧在嫩江流域，东临叶赫、西界扎鲁特部，南边与喀尔喀部接壤，北临嫩江上游地区。科尔沁部为了不被察哈尔蒙古兼并，便与女真部中势力较强的叶赫、乌喇结盟，这也是万历二十一年九部联军攻打努尔哈齐时科尔沁出兵参战的原因。兵败后科尔沁明安贝勒尴尬地逃回了牧区。第二年，由于努尔哈齐的招抚，科尔沁蒙古就遣使来建州通好了，此后通使不绝。万历二十四年初，朝鲜使臣申忠一在费阿拉老城里就看到科尔沁部翁阿岱贝勒派来的使者二十人，献马百匹，橐驼十头的场景。不过，科尔沁与扈伦四部的老关系一时也不能丢弃，在万历三十六年建州兵攻乌喇宜罕山城时，翁阿岱贝勒也曾出兵帮助过乌喇，只是看到建州兵力强大，自知不能战胜，便撤兵回了老家，后来又向努尔哈齐请罪结盟。科尔沁为什么如此对建州示好呢？原来这一支蒙古不堪察哈尔蒙古的勒索与压迫，而内喀尔喀蒙古又站在察哈尔一边，他们看到建州日益强盛，当然便想与努尔哈齐结盟，找个有力的靠山了。

努尔哈齐也从较远的政治利益上考虑，同意与科尔沁结好。万历四十年（公元1612年）努尔哈齐先娶了明安贝勒的女儿，这是双方第一次的联姻，而影响至为深远，因为从此以后，努尔哈齐及其子孙即不断与科尔沁结亲，有清一代帝王多从科尔沁蒙古娶纳后妃，清室公主也多有嫁给科尔沁王公的，诚如乾隆皇帝日后在《入科尔沁》诗说的：“塞牧虽称远，姻盟向最亲。”在所有来自科尔沁的清初后妃中，以清太宗皇太极的孝庄文皇后最为杰出，她历经太祖、太宗以及入关后的顺治、康熙共四朝，对清朝创建与兴盛有很大的贡献。

科尔沁蒙古明安一部与努尔哈齐的关系最好，从万历四十三年（公元1615年）到四十五年，每年都有首领人物来向努尔哈齐“谒见”、“贡方物”。如明安贝勒的四子桑格尔斋台吉、长子伊格都齐台吉、次子哈坦巴图鲁、五子巴特玛台吉都先后到过建州对努尔哈齐“叩头谒见”，努尔哈齐也回赠他们大量战甲、缎布，做到宾主尽欢。尤其明安贝勒本人也在万历四十五年来“朝贡”，努尔哈齐对这位老丈人更是特别礼遇，郊迎百里之外，又行马上抱见礼，先设野宴洗尘，入城后，“每日小宴，越一日大宴”，留住一月，然后厚赠礼物，热烈欢送明安返家。明安后来归顺满洲，编入正黄旗，其子孙也有在清朝任官职的。特别一提的是明安在明天启二年（天命七年，公元1622年），又从科尔沁带领了十六个贝勒及喀尔喀部的一些台吉，“各率所属军民三千余户，并驱其家畜”，前来归附努尔哈齐，当时八旗制度早已成立，后金汗国也创建有年，努尔哈齐不但全数收容了他们，并为他们别立“蒙古一旗”，这一旗就是后来蒙古八旗的基础。即使到了努尔哈齐晚年，他对科尔沁部仍是友好如初的。明天启五年（天命十年，公元1625年）察哈尔林丹汗将出兵攻打科尔沁部，当时的奥巴台吉派人紧急向努尔哈齐报告，请求出兵援助。努尔哈齐毫不犹豫地命其子皇太极等率兵五千往援，逼走了林丹汗的大军。事后努尔哈齐又把族孙女嫁给奥巴，并与他杀白马黑牛，祭告天地，盟誓结好，使双方关系更形加强。

努尔哈齐让科尔沁蒙古成为他的政治盟友、军事支柱，他的抚绥分化手段是极其成功的。

对于内喀尔喀蒙古，努尔哈齐在处理上却没有科尔沁那样顺利了。第一，从地理位置上看，喀尔喀东界叶赫、西接察哈尔蒙古、南近广宁、北为科尔沁部，这样复杂的环境使他们很难自主办事。加上当时内喀尔喀又分为五部，彼此并不和睦，时而联合，时而互争，因而大大削弱了自身的力量。第二，喀尔喀五部中如扎鲁特部、巴岳特部，都对努尔哈齐很友好，如扎鲁特部早就派了使臣去费阿拉，到万历四十年代初更与建州贵族高层频频缔结婚约，努尔哈齐的儿子代善、莽古尔泰、德格类都娶了扎鲁特部贝勒女为妻，双方确实建立起了良好的关系，只是扎鲁特部在内喀尔喀蒙古内部不居于重要地位。

巴岳特部对建州以及后来的后金关系更非比平常了。部长达尔汉贝勒的儿子恩格德尔很早就倾心于建州，万历三十四年，他竟引领了喀尔喀五部使臣到建州来，"进驼马来谒，尊太祖为昆都仑汗"（昆都仑kundulen，谦恭之意），从此恩格德尔常来建州。万历四十五年（天命二年，公元1617年），努尔哈齐将胞弟舒尔哈齐之女嫁给恩格德尔，让他成为后金的"驸马"。天命九年他来后金为努尔哈齐贺正旦时，朝拜次序竟名列第二，排在阿敏、莽古尔泰、皇太极诸大贝勒之前，可见努尔哈齐对他的重视。恩格德尔后来在后金定居了，努尔哈齐还特别赐给他庄田奴仆，授职为总兵官，他的子孙在顺治时有任领侍卫大臣，爵至一等公。不过他所属的巴岳特部在喀尔喀蒙古中的影响力也不是很大。

内喀尔喀五部中最重要的是介赛（又作宰赛）与炒花（又作炒哈或卓

礼克图）的两个首领。有人说：北方三部喀尔喀"二十四营，惟宰赛最强，宰款则诸营不敢动，宰动则诸营不敢款"。明朝很重视介赛，尤其利用他对付建州，所以不惜以重金收买他。介赛也不负明朝所望，他多年来一直与努尔哈齐为敌，与明朝三次立盟，常常袭击建州村庄，也曾囚系过建州的使者，努尔哈齐对他无可奈何。直到万历四十七年（天命四年，公元1619年）七月，努尔哈齐率兵攻打铁岭时，介赛为协助明兵，调来喀尔喀蒙古军前来参战，经过在城外高粱田地里的激战之后，努尔哈齐的部下意外生擒了介赛及其家族多人。由于介赛地位的重要与特殊，努尔哈齐没有杀他，只幽禁了他做人质，以便与他们部落和解结盟。两年后，喀尔喀部以牲畜万头赎介赛，努尔哈齐也不念旧恶，与他盟誓并设宴赐赏他，又命代善娶了介赛的女儿，结为姻盟，让介赛很光彩地回家。

介赛最后能以牲畜赎回蒙古，是由炒花等人从中奔走达成的，事实上努尔哈齐是有意让炒花等首领有面子，而对后金生好感甚至感恩才如此做的。天命四年介赛被捕之后，喀尔喀就派人来说情了，努尔哈齐要喀尔喀与后金结盟，共同抗明，然后考虑放人。同年十月，这位名叫卓礼克图的炒花贝勒，派人送信来了，明确表示要带领五部二十七个贝勒与努尔哈齐共同立盟，大家"互相携贰"，"协力征明"。盟誓是在极其隆重的典礼下举行的，但努尔哈齐并未及时放人，说是要到他攻下广宁再说，不过后金将介赛儿子先行释放回家。后来努尔哈齐发现介赛并不能控制喀尔喀全局，因而在攻下辽阳之后便释放了介赛。

由于喀尔喀蒙古始终奉察哈尔林丹汗为宗主，虽与后金盟誓，但不与后金合作征明。天命晚期，后金对喀尔喀昂安部以及炒花的部落发动两次军事行动。昂安部被打得落花流水，几乎灭亡。炒花被努尔哈齐大将痛歼，"所部皆散亡，半归放插汉（察哈尔）"。喀尔喀部到天命末年，投降后金的有之，被武力消灭的有之，到皇太极时代，经过征伐，喀尔喀从历史上消失了。

努尔哈齐真正面对的蒙古强敌是察哈尔的林丹汗，他们都想在当时的东北亚洲一角地盘争雄争霸，而明朝又全力支持林丹汗消灭努尔哈齐。明朝每年以赏赐的名义给林丹汗的白银高达四五千两，后来因林丹汗的强索，竟增至四万两。可是林丹汗则是一个掠土地、劫牛羊，穷奢极欲、暴虐无道的昏君型人物。他自恃"账房千余"，兵强马壮，想恢复先世的光荣，称雄蒙古；但是他领导的内部却是分崩离析，像敖汉部、奈曼部都私下派遣使臣往来于后金，甚至他的孙辈扎尔布台吉、色楞台吉等都逃往科尔沁，辗转去努尔哈齐处叩头行礼。林丹汗曾经派军征伐过与努尔哈齐结盟的科尔沁，也被后金的援兵击败。林丹汗不知反省，不图自强，一味以显赫家世，仗着明朝的撑腰，对努尔哈齐摆出骄横的架式，自称是四十万大军的蒙古国主，而指努尔哈齐为"水滨三万满洲国主"，事实上，他只是一个纸老虎。努尔哈齐曾历数蒙古兵败的耻辱指出明朝亡元的深仇，希望能以民族大义，拆散察哈尔与明朝的联盟，而努尔哈齐招抚各族人民，攻城又治地的成功策略，早已奠定帝国基础了，讨灭林丹汗的事业也在他死后不久完成了。

察哈尔蒙古败亡之后，漠南蒙古都归附了后金，明朝也失去了北方的屏障，后金组成了蒙古八旗大军，并经由蒙古各族的牧地打通从西北进入中原的道路。《明史》说："边事愈棘"，"明亦遂不可为矣！"就是因此一情势改变而发出的议论。

十六

建州与朝鲜

现在的韩国，在中国宋元时代称高丽，明清时代称朝鲜。朝鲜王朝建立者是李成桂，所以又称为李氏朝鲜，李氏朝鲜历时约五百年，正好是中国的明清两代。

朝鲜与中国不仅在历史上有悠久的关系，在地缘上也是毗连的邻邦，两国只以鸭绿江为界。明朝初年，朝鲜与中国建立封贡关系，成为明朝的藩属国家之一，国王受明朝册封，奉明正朔。而辽东女真各部则是在明朝羁縻卫所制度下受明统治，各部首领也是受官修职，所以朝鲜与女真对明朝有异曲同工的政治关系。

辽东地区在明朝初建、元蒙势力北遁时，相当混乱，一时成为无人管制的失控地区。朝鲜政府乃趁机向图们江流域发展，以恩威并施的手段统治当地的女真人。清朝开国神话里提到的阿木河（鳌莫惠）、斡朵里（鳌朵里）、孟特穆（猛哥帖木儿）等等人地名称都在李朝国家史书里出现过。原来阿木河是早年朝鲜边界上的地名，在目前的会宁、镜城一带，当时斡朵里部的部长猛哥帖木儿还当过朝鲜小官。朝鲜政府也像明朝一样，希望羁縻女真部落的头目，给他们职位与物质上的好处，以求得边境上的安宁。当然女真部落若都受他们羁縻，也可以说朝鲜的治权达到辽东的土地，政治目的不能说没有。明朝后来也招抚女真，用以牵制退居漠北的蒙古，因而形成明廷与朝鲜争夺女真的情势。猛哥帖木儿后来回辽东任职建州左卫长官就是明朝争取女真的一次胜利，朝鲜虽暗中阻止他去明朝京城朝贡，但没有成功，毕竟朝鲜是明朝的属邦，不敢明目张胆地争夺。猛哥帖木儿投归明朝后不久，在宣德八年（公元1433年）被"七姓野人"所杀，部众也四处离散，朝鲜政府又一度把握时机控制了建州左卫地区。

由于早年生聚在中韩边境上的女真生活十分清苦，若遇灾荒更是无法为生，所以他们常有向朝鲜索求粮食盐酱之事，甚至越江去抄劫人口财物，因而引起朝鲜人的憎恶与仇视，有时会以武力去讨伐女真，作为报复。建州卫为了避免朝鲜军队的屠杀，在明朝同意下，部众迁徙到浑河上游的苏子河流域。后来建州左卫也以同样理由迁居，但遭到朝鲜攻击，部分部众成功地由图们江流域来到了婆猪江、苏子河居住；但也有一部分还留在会宁、镜城一带。朝鲜人始终对女真存有恐惧感，他们怕女真强大，因此一有借口就向女真进行剿洗，明朝也一直要"分而治之"的，朝鲜能代为消弭女真某些部族力量，常是"乐观其成"的。有时中韩两国还组成联军，对女真进行痛剿，如明宪宗成化三年（公元1467年），赵辅率明军，朝鲜军由康纯、鱼有沼统率，捣毁了建州卫老营，杀死首领李满住。成化十五年，明军在汪直等人率领下再剿建州女真，朝鲜也派出大军配合，给建州女真几乎是毁灭性的攻击，都是实例。建州女真也因多次被征剿，势力大衰，分成很多小部落，直到万历年间努尔哈齐崛起之后，特别是明朝与朝鲜忙着对付日本人侵略时，建州女真才有了出头之日。

努尔哈齐在统一建州各部时，基本上对朝鲜是采取和平联络的政策，有时派使臣去通好，朝鲜总以属邦不能背着宗主国与别人"私交"，婉拒一切。甚至在丰臣秀吉的大军蹂躏朝鲜时，努尔哈齐还自告奋勇地向明朝兵部尚书石星自荐，请求带兵前往驰援，"征杀倭奴，报效皇朝"。朝鲜听到此事，宁愿挨日军侵凌，也不希望努尔哈齐的"精勇惯战"兵士过江参战，请求明廷阻止。明军援朝抗日的军事行动进行了六年，正好给了努尔哈齐坐大实力的好机会。

万历二十三年，努尔哈齐为"令两境之民毋得侵犯相害"，特别将越境来建州的十几个朝鲜人送还给朝鲜，同时也借机致书请通交修好。朝鲜政府仍以私交乃"天朝之禁"，拒绝与建州正式往来。正在此时，发生了"渭源之变"。"渭源之变"是万历二十二年发生的，在今北韩慈江道境内的渭源地方，有二十七名建州女真人因越境盗挖人参被杀，后来据朝鲜政府的调查，发现是渭源郡守金大畜因"要功之计，虚张间家侵突之状，擒杀饥饿垂死之胡"，朝鲜政府也认为此事处理不甚妥当。努尔哈齐闻讯之后，据说广集工匠，打造兵器，集结兵马，准备在封冰之后，领兵到朝鲜来寻仇。朝鲜政府非常紧张，不知如何处理，最后想出请明朝官员出面，代为解释调解，以求大事化小，于是就请出了驻守朝鲜的明将胡游击下属余希元出马，带着家丁杨大朝与朝鲜的女真语翻译河世国等人到建州老寨费阿拉去疏通并刺探"夷情"。余希元一行从朝鲜渡江以后，在途中受到努尔哈齐的热情欢迎与接待，在距离费阿拉三十里处，努尔哈齐兄弟亲自出城列队相迎。余希元等入城后即受到下马宴的款待。朝鲜来使先为渭原之事提出道歉，告知地方官已受处分，希望今后双方不再有越边采参之事发生。努尔哈齐则说他保全天朝地界九百五十里，管事十三年不敢犯边的旧事，他对明朝是矢志忠诚的，希望广宁地方官员与朝鲜能为他上奏，证实他的学好人、做好事。余希元的访问大体上说是成功的，尤其令朝鲜国王意外的是，努尔哈齐在回朝鲜国王的一封书信里透露他也将偷越边界人的家口罚以劳役，并以罚牛一头或银十八两抵"私自越江之罪"，希望朝鲜政府今后若捉到越境犯人，请送交建州，他必"极法斩之"。当然努尔哈齐仍坚持要求双方今后要通文书修好。

朝鲜政府无意与建州通好，但又恐怕他们来侵犯。现在双方气氛已见转好，于是又有南部主簿申忠一的再访费阿拉。

申忠一等人于万历二十三年十二月二十二日渡鸭绿江、二十八日抵费阿拉，与努尔哈齐兄弟在一起过农历新年，次年正月初五日回到满浦。申忠一逐日所绘制记录的《建州纪程图记》乃是他的亲身见闻，是第一手文献。他看到的努尔哈齐是个"不肥不瘦，躯干壮健，鼻直而大，面铁而长"的人。在新年前夕，他头戴貂皮帽，脖子上也护着貂皮围巾，身穿貂皮缘饰的五彩龙纹衣，腰系金丝带，身上佩刀子、獐角等物，脚穿鹿皮靰靴。他会见申忠一时是在一间中厅房里，努尔哈齐坐在黑漆的椅子上，"诸将佩刀卫立"。除夕夜大家宴会时，努尔哈齐也参加余兴节目，弹琵琶，拍手唱歌，诸将都恭敬地向努尔哈齐敬酒，可见当时建州已经十分汉化，欢度汉人传统的年节庆典了。

申忠一在建州与努尔哈齐等人谈到双方和好问题、越界采捕问题、归还人口问题、贸易赠礼问题，特别在回朝鲜国王的书信中要求"天朝官害我，你替我方便一言，呈与天朝"，也希望大家所谈及的各项事情"两家为律"，像似缔约一般。

另外，申忠一虽然在建州停留短暂，但是他已看出努尔哈齐领兵万名，战马七百多匹；舒尔哈齐则约有五六千名兵丁，实力不及他兄长的一半。不过舒尔哈齐显然对大哥不满，与朝鲜来使的谈话中已露出有心与努尔哈齐分庭抗礼之势了。

朝鲜当时正忙着应付对日侵略的艰苦战争，对建州又十分恐惧，只好阳奉阴违地以使臣口头承诺，保持互不侵犯，这种态度与关系一直到萨尔浒山大战之前都没有改变。

十七

建州势力的坐大

不少史家认为努尔哈齐由十三副遗甲起兵，凭借不多，最后能称王称汗，主要原因是他的对明政策成功，这固然是他创建龙兴大业成功的一项因素，不过明朝本身的若干问题也是应该值得检讨的。现在我们就分别作些说明吧。

努尔哈齐可能因为他与汉人接触得多，对明朝辽东事务了解比较深刻，因而他的行事作风，对明态度与其他女真领袖不同。他不像王杲、王兀堂等人与明朝硬拼打斗，落得战败身死。他也不步王台、尼堪外兰甚至他父祖等人的后尘，为明朝奔走服务，而最终还是得到悲惨的结局。他从这两类人身上吸取了宝贵的经验与教训，为自己定下了对明的政策。他表面上对明朝竭尽忠顺之能事，但也看穿了明朝的"分而治之"、"以夷治夷"的基本策略。他又了解李成梁一贯采用的"诱此间彼"，"专以掩杀为事"的主张，所以他从起兵为父祖报仇时即一再强调"害我祖、父者，尼堪外兰所构也"。好像他只是为找尼堪外兰寻仇而起兵，对明朝毫无犯顺之意，他也因此接受明廷授予他的指挥使之职，愿做大明的臣民。万历十七年，他已在费阿拉"称王"，明朝已知道他是"黠酋"，"骁骑已盈数千"了；但是他仍然尊照明朝旨意，杀了自己女真同胞，这件事《东夷考略》里作了如下的记载：

> 有住牧木扎河部夷克五十等，掠柴河堡，射追骑，杀指挥刘
> 斧，走建州。宣谕奴酋，即斩克五十以献。

他的忠诚表现当然应予嘉奖，明朝就因此晋升他为都督佥事。其后他在第二年进京朝贡，万历二十年又请求领兵赴朝鲜抵抗日本侵略，以"报效皇朝"。二十二年与朝鲜又发生"渭源之变"，努尔哈齐未作报复兴兵，只请余希元、申忠一等传话他对明朝是忠贞不二的。因为努尔哈齐如此的"忠顺好学，看边效力"，明朝就在万历二十三年加封他为龙虎将军。这是一项殊恩殊荣，女真头目中只有哈达部的老领袖王台得到过，努尔哈齐当时才三十七岁，实在是极其难得的了。其实努尔哈齐这时已暗中兼并了全部的建州女真，打败了扈伦四部与蒙古等部组成的"九部联军"，声势已经可观、可怕了，而明朝官员则对努尔哈齐还存着"因其势，用其强，加以赏赉，假以名号，以夷制夷，则我不劳而封疆可无虞也"的幻想。

从万历十八年起到四十四年建立后金，二十多年之中，建州向明廷不断朝贡，平均每三年一次，表示忠于明皇。其间虽有冲突，建州罢贡，明朝以停市制裁，但努尔哈齐并未因权势日隆而冲昏头脑，他总是先"叩关甚切，求贡甚急"，请求恢复封贡关系。贸易时明朝官员故意刁难他"撤车价"、"减人数"，他也忍气吞声地遵办。这样灵活的态度与政策，真的骗取到了明朝君臣的信任，一直到努尔哈齐登上大汗宝座，建立了后金皇朝，也没有见到明朝对努尔哈齐动过武！

然而，努尔哈齐的顺利兼并建州女真、扈伦女真，控制蒙古，联络朝鲜，也不能说全是他忠顺明朝政策所收的效果。其他若干客观大环境也应该加以探讨才是，例如明朝本身的衰弱腐败就是其一。我们知道，努尔哈

齐崛起与成就龙兴大事业主要是在明神宗万历年间，这位万历皇帝真可以称得上是位昏君，他二十多年不上朝办公，"深居宫中，畏见风日"，一切政事都不认真处理，朝中大臣又发生党争，阁部臣工不是遇事敷衍，就是争权夺利，而神宗自己又穷奢极侈、挥霍无度，皇妃生子、万寿生日、诸王册封、营建陵寝，动辄支银以千百两计，加上援助朝鲜用兵多年，花费更是惊人，结果弄得国库空虚，多方加税，搜刮民脂民膏，招致极大民怨。仅以努尔哈齐崛起的辽东而言，当时就有人对税监高淮征税事作过如下的描述：

> 高淮在辽东，万般克剥，敲骨吸髓，年甚一年，辽人既缺其当与之月粮，又受此无名之征榷，当抵不过，穷极计生，遂率合营男妇数千人，北走投虏。

由此可知：当时有不少汉人投奔建州多少是与高淮在辽东克剥人民脂膏有关的，而高淮仍得万历帝的宠信，因而发生过松山、广宁、山海关等地的民变，有远见的大臣就担心地说了："臣等更不知其祸之所终极也。"情势严重，真是溢于言表。

辽东的军队情形又是怎么样呢？如果军士生活无虞，士气旺盛，边备完善，相信当时任何女真部落都不会坐大势力而敢犯顺的。可是实况正是相反。以生活言，明初行军屯制，辽东各卫所军也行屯田。后来边外常遭兵侵，屯军逐渐逃散，屯田乃为军官占夺，军官隐丁占地自肥。辽东军屯破坏，"兵无月粮，差役烦苛，悲苦万状"，连朝鲜官员朝贡经过看到惨状时，都说："财殚力竭，万无生理！"军士生活如此凄惨，士气又如何能提高呢？

辽东的边防更是不堪闻问，据巡按御史胡克俭说："国之大事在边，边之大事在欺。"这个"欺"字说尽了辽东军官的胡作非为，他们打不过女真或是蒙古，为了冒功，常有把"阵亡之军一概割首以报数"而求封赏的，民谣有："带着人头去杀贼。"也算是辛辣的讽刺了。军官们为了赚钱，还有偷卖军火的，朝鲜官员就有报告向他们的国王说：

> 自辽阳至镇江，其间许多镇堡，官上火药暗里偷出，或五六百斤，或千余斤。本国买卖人处夜间潜卖。……

军备废弛如此，军纪败坏如此，当然不是新兴八旗军的对手了。

最糟的是明朝对辽东的政策。"分而治之"既是国策，到万历以后专信哈达作为辽东支持对象。在王台时代也许还可以用来西阻蒙古，东隔建州。但王台死后，哈达已是混乱不堪，子孙都是扶不起来的阿斗，政策即应改变才是。等到武尔古岱得位，分明他已是傀儡，已是努尔哈齐的阶下囚，但是由于努尔哈齐配合明廷支持哈达的政策，放武尔古岱回家，明朝就视他为"今日之王台"，企图借建州来控制各部女真了。其后哈达被建州兼并，努尔哈齐违制"入贡愆期"，甚至"停贡"，明廷又转向支持叶赫，但态度不如对哈达的坚定，有时又想与建州"相安于无事"，这种认事不清、摇摆不定、毫无成效的辽东政策，怎么能有好结果？加上所用非人，在万历前期专任李成梁也为大错误事。成梁虽早年有战功，但后来居功骄横，苛索贪婪，大坏官场风气。无论卖盐卖马，他都行垄断之私，李"家之肥，民之瘠矣"。他又散派家人到处收受贿赂，"财之聚，怨之府矣"。甚至有人说"凡虏入矣，而任其杀掠数日，掳去人民"。他"怯战殃民"，"剥军耗国"。可是他的"功名寖盛，爵禄寖崇"，"父子五人，相继掌兵柄"，"位极崇阶"，李家势力在辽东盘据三十年，李成梁到八十三岁才解任辽东总兵官职务，而这段时间中，正是努尔哈齐兴起、壮大的时期，据说他又"羁縻奴虏"，能说他对辽事日蹙不需负责？明朝政府给他在辽东专兵大任，更是罪不容辞。

明末兵部尚书李化龙在万历三十九年上疏说道：建州部"列帐如云，积兵如雨，日习征战，高城固垒"，"一旦有事为祸首者，必此人（指努尔哈齐）也"。我看造成如此衰局的真正祸首应该是万历这位昏君与一批误国庸臣！他们对建州势力的坐大、清朝的最后代明有国，负有无可推卸的责任。

努尔哈齐在兼并女真各部，解决朝鲜与蒙古东西两大后顾之忧的同时，也为建立帝国规模从事了一些奠基的工作，像创制了满洲的文字，建立了八旗制度等等，现在先说满洲文字的发明与应用。

努尔哈齐的祖先以及其他女真各族人，本来没有自创的文字。满族共同体的先世在12世纪初年的金朝盛世，曾经命大臣完颜希尹等人创造过女真大字，后来又再创女真小字，与大字并行。当时的女真大小字是在契丹大字基础上造成的，字是依仿汉字外形而成的，所以女真字仍是方块字体的形状，与日后的满洲文外形颇不相同。金朝后来被蒙古人消灭，辽东地区被蒙古人统治，度过几十年黑暗时期，女真文字到元末已是将近"死亡的文字"了。明朝建国之后，著名的《永宁寺碑记》虽然以汉、蒙、女真三种文字写成，但一般女真人早已不谙自己的文字了。明朝中期，一位名叫撒升哈的女真人，他任职辽东玄城卫的指挥，他竟向明廷上疏呈报："臣等四十卫无识女真字者。"希望明朝官员以后给他们敕文改用蒙古字，可见当时东北女真各部多以蒙古文代替了自己祖先创造的女真文了。

建州卫的女真人和鄂伦春、锡伯、赫哲部落等人一样，他们都是阿尔泰语系南支的一族，明朝时他们语言都能相通，只是没有了共用的文字。努尔哈齐崛起之后，便感到自己部族与明廷、朝鲜往来的文书都用汉文，对建州女真各部以及蒙古则用蒙文，特别是与蒙古人会盟必用蒙文，感到非常不便。在击败九部联军后不久，建州势力日强，也许多少由于民族自尊心的趋使，努尔哈齐决心创制自己的新文字，他在万历二十七年（公元1599年）二月间，下令属下文臣造字，清朝官书里对这件事作了如下的记录：

> 太祖（指努尔哈齐）以蒙古字编成国语。巴克什额尔德尼、噶盖对曰：我等习蒙古字，始知蒙古语。若以我国语编创译书，我等实不能。太祖曰：汉人念汉字，学与不学者皆知。蒙古人念蒙古字，学与不学者亦皆知。我国之言，写蒙古之字，则不习蒙古语者不能知矣。何汝等以本国言语编字为难，以习他国之言为易耶？噶盖、额尔德尼对曰：以我国之言编成文字最善！但因翻译成句，吾等不能，故难耳。太祖曰：写阿字下合一玛字，此非阿玛乎？额字下合一默字，此非额默乎？吾意决矣，尔等试写可也。于是自将蒙古字编成国语颁行，创制满洲文字自太祖始。

这段文字里或许夸张了努尔哈齐的学识能力，不过他的决心创造满洲文字仍是值得大加赞扬的。文中"巴克什"源于蒙文，满语作baksi，是文臣、儒臣、学者的意思，有人说此字最初由汉文"博士"转译为蒙文的，也有这种可能。"阿玛"是满文ama，意为父，eme意为母，均常用家庭称谓语。

额尔德尼与噶盖便遵照指示，"以蒙古字编成国语"，草创了满洲文字。由于新创的满洲文脱胎于蒙文，外形颇似蒙古文字，与女真字的形似汉文很不同。同时额尔德尼等创制满文的时间不长，文字的形声当然不很完备，而且有时还借用蒙文，可以说问题很多。这新创的满洲文字字母没有圈点符号识别它们的音义，所以又被称为"没有放上圈点的满文"或"无圈点满文"，后人统称它为"老满文"。

满洲语文属阿尔泰（Altai）语，阿尔泰语是整个北亚、中亚历史上以及目前该地区各民族所使用语言的概称。若从地理上看，这一语系应包括西起土耳其以东的中亚、西伯利亚、新疆、蒙古、辽东北部、朝鲜半岛以及库页岛俄日滨海地区，日本也应该与该语系有关，但日本人不愿承认。若以语言内容来细分，在中国境内就可以分为三个语族，即阿尔泰系突厥语族，包括维吾尔语、哈萨克语、克尔克兹语；阿尔泰系蒙古语族，包括蒙古语、达呼尔语、布利亚特语等；阿尔泰系满洲语族，包括锡伯、赫哲、鄂伦春语等。以上三大语族的语言源头，欧洲学者在18、19世纪做过研究，如早年法国的汉学家雷慕沙（Remusat）与英国汉学家亚力威烈（Alexander Wylie）等，他们认为元朝初年以及日后所使用的蒙古文是仿古维吾尔文制成的，而古维吾尔文的来源虽无确论，但终究与叙利亚文中的爱思特兰葛罗（Estrangelo）一体有关。至于西方叙利亚文是傍行写，与英文相似，由左而右；而古维吾尔文、蒙文、满文则是直写，由上而下，和叙利亚文大有不同。雷慕沙对这一点也作过解释，他说：古维吾尔文中因为夹带汉字名称，所以变通适合汉文习惯，写成由上而下、由左而右的书写方法了，蒙文与满文的由上而下、由左而右的写法都是遵循古维尔文的结果。满文因有西方源头，不但是拼音文字，与汉字六书的内涵不同，而且满文的名词有格、数的范畴；动词有体、态、时、式的范畴，文句构成的顺序也与汉文不一样，它与日文、韩文相同，动词、谓词在宾语之后，定语则在被修饰语之前。

由于草创的满洲文字的字母数量不多，字形不统一，清浊音不分，语法无规范，尤其不能拼写汉字等外来语，因此在天聪六年（崇祯五年，公元1632年）年皇太极当大汗的时候作过一次大改进，结果在字母旁边酌加圈点，固定字形，确定音义，又另加新字母以充实文字内涵。这种新改进过的满文，后来称它为"放上圈点的满文"或"加圈点的满文"，通称之为"新满文"。

自从满文创制以后，建州部族以及其他女真各部都推行了使用满文的运动，从长官的谕令到记事的书档，从铸钱到勒碑，都用满文。努尔哈齐时代留下老满文写记的档册，起于万历三十五年，迄于天命十一年（公元1607~1626年），前后历时二十年，总数二十大本，是现今存留的最古老的满文原始文献，史料价值极高，是清入关前资料的宝藏。

努尔哈齐除以记录档册使用满洲文外，他生前还大力提倡过满文教育，他曾下令在八旗中慎选师傅，教授满文，令年轻人入学研读。《满文老档》有这样的记事：

> 钟堆、博布赫、萨哈连、吴巴泰、雅兴噶、阔贝、扎海、洪武，选为八旗的师傅，要对你们的徒弟们认真的教书，使之通文理。……如入学徒弟们不勤勉读书，不通文理，师傅要治罪。……八位师傅不参与各种事务。……

由此可见：满洲文创制以后，不但记录下了满族在艰苦建国历程中的很多史事，也发展了满族早期的教育事业。至于在族中传布知识，与汉人间的文化交流，产生大量满族文化产业，提高自己族人的自尊心等等方面，更是有着极大的裨益。如果说满文创制对女真民族统一有功，对满族共同体形成有功，应该不是夸张的说法。

除了创制满洲文字之外，努尔哈齐为奠定帝国的规模，又成立了八旗制度。八旗制度是与女真人早年的狩猎组织有关的，清朝官书里就说过这种制度的源流：

先是，我国凡出兵校猎，不计人之多寡，各随族党屯寨而行。猎时，每人各取小矢，凡十人，设一长领之，各分队伍，毋敢紊乱，其长称为牛录额真。

满语"牛录"（niru）作"大箭"解，"额真"（ejen）意为"主"，"牛录额真"是"箭主"，原是狩猎时代的十人之长。狩猎与战争是类似的，只是一个是捕获兽类，另一个是以人为对象，是对人口与财富的掠夺，防御与掠夺经常化之后，必然促使原本以狩猎为生产主要职能的牛录组织变成军事组织了。

努尔哈齐以牛录额真为军事组织的长官以及成立八旗制度，现在虽无确实日期可考，不过从清代官方史料中似乎还是可以看出一些踪迹来的。

他在万历十一年为报父祖仇起兵时，只有"兵百人，甲十三副"，当然还不需要什么严密的组织。第二年，他"率兵五百，征栋鄂部主阿海巴颜"时，史书里出现了"擢鄂尔果尼、罗科为牛录额真，统辖三百人"的字样。万历二十一年，努尔哈齐与叶赫等九部联军作战，《满洲实录》记有这样一段文字：

> 太祖兵到，立阵于古埒山险要之处，与赫济格城相对。令诸
> 王大臣各率固山兵，分头预备。

文中的"固山"就是满洲语gūsa（旗）的音译，显然此时已有"旗"的组织了。万历二十三年朝鲜使臣申忠一在费阿拉城里看到建州兵"旗用青、黄、赤、白、黑，各付二幅，长可二尺许"，这更证明了当时努尔哈齐已在建州军中实行了旗制，以牛录为领兵官了。申忠一是亲眼见到的实况，为什么当时的旗分"青黄赤白黑"五色，而后来又只是黄、红、蓝、白四色呢？这件事在《八旗通志》里有合理的记述，说明早年的旗确有黑色的，不过因为"旗以指麾六师，或夜行则黑色难辨，故以蓝代之"。而且还说当年旗色与左右两翼军的次序有五行相胜的作用，这也是旗有黑色的原因。随着建州女真的被统一，东海女真部分部落的归顺、哈达部的灭亡，努尔哈齐统治的地区扩大了，管辖的军民增多了，他在万历二十九年（公元1601年）给部下的军事组织作了一次整编，清官书里说这一年"以诸国徕服人众，复编三百人为一牛录，每牛录设额真一"。文中既用了"复"字，可见"牛录"之存在必早于此年。同时也可能由于此次的改编而将旗色作了调整，将原有的五色简化并成四色了。努尔哈齐正式成立八旗制度是在万历四十三年（公元1615年），《清实录》记此事很清楚：

> 上既削平诸国，每三百人设一牛录额真。五牛录设一甲喇额

真，五甲喇设一固山额真，每固山额真左右设两梅勒额真。初设有四旗，旗以纯色为别，曰黄、曰红、曰蓝、曰白。至是添设四旗，参用其色镶之，共为八旗。

这段文字可谓简明扼要，但有不少满语夹杂其间，有加以解释的必要。

甲喇是满语 jalan 的音译，意为"段"、"节"（竹节），为固山额真与牛录额真之间的环节官员，有启承上下之意。

固山就是八旗的"旗"，满语作gūsa，前面已经解释过了。固山额真（gūsa i ejen）则意为"旗之主"。

梅勒（meiren）原意是"肩"，有两边、副手之意，梅勒额真亦可称作副旗主。

这些八旗官名入关后都被汉化，改固山额真为都统、梅勒额真为副都统，甲喇额真为参领，牛录额真为佐领，当年满语原文意义全不存在了。

固山是八旗制度中的最大单位，每个固山各有特定颜色的旗帜。上引文中说："初设有四旗，旗以纯色为别，曰黄、曰红、曰蓝、曰白。"这四色旗因是纯色，故称为正旗，即正黄、正红、正蓝、正白旗。万历四十三年扩大编制，在正旗上镶色，由四变八，镶色的旗则各称为镶黄、镶红、镶蓝、镶白，也有人把镶字写成俗写厢字的。新增的四镶旗是将黄、蓝、白三种纯色旗镶上红边，而纯红旗镶上白边，这就是当时使用的旗色。

固山额真是"旗之主"，是战时统兵的将领与平时的行政长官，在八旗制成立时与稍后一段时间中，当这一高位长官的有扈尔汉、阿敦、穆哈连、济尔哈朗、汤古岱、博尔晋、何和理、阿巴泰等人。他们不是旗的人口与财产的所有人，真正可以专主一旗的主人是一些努尔哈齐家族人中有功勋的贵族人士，除了努尔哈齐之外，他们都是被称为"和硕贝勒"的一批人。满语hošo beile可译为"一方之主"，他们和旗下一切人的关系是主人和从属的关系，他们有生杀予夺专擅的特权。在努尔哈齐时代主旗的和硕贝勒约如下表：

正红、镶红两旗旗主最初是努尔哈齐的次子代善，天命晚期代善失势，乃由代善与其子岳托共领。

正蓝、镶蓝两旗，原属舒尔哈齐家族所有，后来舒尔哈齐与努尔哈齐抗争失败，死后努尔哈齐儿子莽古尔泰渗入蓝旗，与舒尔哈齐子阿敏共领。

正白、镶白原是努尔哈齐长子褚英的天下，褚英后来与父亲冲突，死后除由其子杜度续领部分部民外，努尔哈齐又把另一爱子皇太极安排成为白旗的领主。

努尔哈齐自己一直领有正黄、镶黄二旗，而且他是八旗的总领主，是大汗。八旗之间虽没有统属关系，是平等独立的关系，但努尔哈齐因为是家族的族长、是国家的大汗，情形与地位是不同的。

乾隆朝编印的《清会典》中《八旗都统》条中称："按行军旗色，以定户籍，设官分职，以养以教，而兵寓其中。"由此可见八旗制度是军政合一、兵民一体的社会组织形式，具有军事征伐、行政管理与组织生产的三项职能。

在行军作战方面，努尔哈齐时代有一套战术策略，规定：

> 行军时，地广则八旗并列，分八路；地狭则八旗合一分一路而行。队伍整齐，节制严明，军士禁喧嚣，行伍禁搀越。当兵刃相接时，被坚甲执长矛大刀者为前锋，被轻甲善射者从后冲击，俾精兵立他处，相机接应。……

除了如此的分工外，努尔哈齐在每一战役中赏罚严明，敢进先攻的必予重赏，退缩不前的多遭处死、削鼻、穿耳、降为奴隶等的残酷刑罚。所以八旗军有"战则必胜"、"满兵上万，天下无敌"等等的美誉。

在行政管理方面，固山额真、甲喇额真、牛录额真是三级长官，牛录可以说是最基层的"父母官"，他们平时在本村寨登记户籍、查勘田地、经营房宅、收纳赋税、摊派劳役、拘捕逃人、料理婚嫁、监督生产、控制信仰，负责很多大小事务，而努尔哈齐则高高在上，通过各级额真，统治八旗下属人，而且"令出不少迟缓"。

在生产与经济事业方面，每次大战后各级额真既有分配土地、降人、牲畜、财物的任务，又有平时管理生产的责任。按照早年情形，八旗军在战役胜利后，"有人必八家分养之，土地必八家分据之"，战利品是八旗分有的。参战的兵丁也在胜利后分得物质的利益，所以女真人家丈夫出征，"其妻子亦皆喜乐，惟以多得财物为愿"。在不战争时，旗下属人在村寨家中修整器具、治理家业、耕种田地、牧放马匹。后来随着疆域的扩张，垦荒屯田也成旗下人的一项重要工作了。

综上可知：八旗制度是一套完整的军事组织和政权的统治机构。努尔哈齐把分散的女真部民和少数汉蒙降人组织起来，为他从事征伐，创建他的龙兴大业，同时也利用旗下属人参与农业、畜牧业、渔猎业和手工业的生产，促进了女真社会生产业的提高。随着战事的顺利，归附的人口日多，努尔哈齐又把女真各族都编入牛录、纳入八旗，加速了满族共同体的形成。

满洲文字创制了，八旗制度成立了，努尔哈齐准备称汗建国的工作，至此已经完成。

二十
手刃胞弟？

努尔哈齐出生于明世宗嘉靖三十八年（公元1559年），生母是喜塔拉氏。嘉靖四十三年，喜塔拉氏又产下一子，名舒尔哈齐，比努尔哈齐小五岁，他们是同父同母生的同胞兄弟。

万历十一年（公元1583年）古勒山城战役之后，努尔哈齐为报父祖被"误杀"之仇，他和舒尔哈齐兄弟二人并肩作战，为追杀仇家尼堪外兰与兼并建州女真各部而奋勇杀敌。到万历二十年，即击败九部联军后不久，当朝鲜使臣访问旧老城时，对他们兄弟二人都作了一些记述，例如通事河世国谈到努尔哈齐与舒尔哈齐接待的情形：

> 老乙可赤（指努尔哈齐）常时所住之家，麾下四千余名，佩剑卫立，而设坐交椅。唐（指明朝）官家丁先为请入拜辞而罢，然后世国亦为请入，揖礼而出。小乙可赤（指舒尔哈齐）一样行礼矣。老乙可赤屠牛设宴，小乙可赤屠猪设宴，各有赏给。

申忠一对于努尔哈齐兄弟的兵力则有如下不同的说法：

大概目睹，则老乙可赤麾下万余名；小乙可赤麾下五千余名，长住城中，而时常习阵。

尽管以上二人的观察所得不同，但是努尔哈齐兄弟的实力已与"遗甲十三副"，"兵不及百人"的起兵情况不可同日而语了。努尔哈齐屠牛宴客，这可以说是豪华大宴，因为当时建州并不富庶，尤其需要耕牛，宰牛席实在非比寻常。这也是申忠一所说的舒尔哈齐家里"凡百器具，不及其兄远矣"。申忠一还在他的文字记录中附了一些插图，其中有《木栅内奴酋家图》与《外城内小酋家图》两幅，据他说："内城内，又设木栅，栅内奴酋居之。""内城中胡家百余；外城中胡家才三百余；外城外四面，胡家四百余。""内城中，亲近族类居之；外城中，诸将及族党居之；外城外，居生者皆军人。"由此可见：当时努尔哈齐在建州女真部落中，地位确实比舒尔哈齐高很多。但是舒尔哈齐似乎要与他兄长分庭抗礼，申忠一也为我们留下了不少珍贵的见闻资料。在万历二十三年的除夕宴会上，努尔哈齐身穿貂皮缘饰的五彩龙纹衣，头戴貂皮帽，"上防耳掩"，脖子上围着貂皮围巾。申忠一说舒尔哈齐"服色与其兄一样"。当天晚上宴会时，"诸将进盏于奴酋，皆脱耳掩，舞时亦脱，惟小酋（指舒尔哈齐）不脱"。新年期间，舒尔哈齐也在家中宴请朝鲜来客，他竟向申忠一等人说出："日后你金使若有送礼，则不可高下于我兄弟！"这些文字表明了当时舒尔哈齐要与他兄长争平等的地位，对权位与财货的分享透现不满的情绪了。

努尔哈齐与舒尔哈齐两兄弟斗争的表面化，可能与他们对征讨乌喇贝勒布占泰有关。前面已经说过，努尔哈齐为联络乌喇，多次与布占泰家结亲。努尔哈齐的女儿穆库什、舒尔哈齐的女儿额实泰与娥恩哲先后嫁给布占泰为妻，而布占泰也把哥哥的女儿阿巴亥嫁给努尔哈齐，自己的妹妹呼奈嫁给舒尔哈齐（早年女真人家婚嫁不重辈分尊卑，与汉人习俗不同）。

可是布占泰始终与叶赫等部走得很近，而不愿受建州的控制，而且时常对建州远征野人女真的军人在中途进行阻截，这些表现令努尔哈齐大为不满，因而在万历三十五年（公元1607年）与乌喇军在乌碣岩发生了大战。当时建州军队在舒尔哈齐与努尔哈齐长子褚英、次子代善等人率领下，原本是去搬接瓦尔喀归附部众来建州的，乌喇兵却在半路争阻，因而发生了激战。舒尔哈齐在双方接战时迟迟不发兵，后来由褚英与代善的军队打败了乌喇，取得了胜利。军队返防后，努尔哈齐追究此事，怒责舒尔哈齐，并令将他属下两名将官常书、纳齐布论死。舒尔哈齐则反抗说："若杀二将，即杀我也。"最后努尔哈齐让步，"宥其死，罚常书银百两，夺纳齐布所属人民"才了事。当时明朝人说舒尔哈齐"私三都督"，意指舒尔哈齐袒护布占泰，可见他们兄弟间的离心不和，连明朝人都知道了。从此以后，努尔哈齐不再用舒尔哈齐带兵作战，这不但使舒尔哈齐在部族中地位大受损害，在财富收入上因不能作战也不能分得战利品了。

努尔哈齐兄弟间失和的严重化出现在万历三十七年，在老满文档册里记载了这件事（汉文官书中隐讳不记）：

> ……舒尔哈齐贝勒是淑勒昆都仑汗（指努尔哈齐）惟一同父同母生的亲弟弟，所以一切事物，如属下人民、将官、敕书、奴仆等都和汗一样多；可是他仍不知足，战时不肯出力，并且还时常发出怨言，因此汗就责备他了。……舒尔哈齐仍然不觉悟，反而对人说："我就怕一死吗？"于是就出走到别的部落居住了，……汗大怒，就没收了他留弃下的家产，杀了族子阿西布，焚杀了他的大臣乌勒昆蒙古，使舒尔哈齐离群，好让他悔改。后来舒尔哈齐回来了，汗又把没收的家产还了给他，可是舒尔哈齐依然不满。……

关于舒尔哈齐的死亡时间，汉文清朝官书里说是在万历三十九年；不过努尔哈齐整肃他自己的儿子褚英时是万历四十一年，满文档册中还记着：舒尔哈齐为褚英抱屈，又向他哥哥发出怨言，因而导致努尔哈齐再一次"夺取舒尔哈齐的属人、将佐及产业"。如果满文资料可信，则万历四十一年时舒尔哈齐尚在人间。朝鲜人李民寏，在萨尔浒山战后被后金拘留了一年多，他说舒尔哈齐"有战功，得众心，五六年前为奴酋所杀"。这是在万历四十七年写下的文字，应该是比较可信的。

当时或稍后的明朝人也有记述舒尔哈齐死事的，有人说："酋疑弟二心，佯营壮第一区，落成置酒，招弟饮会，入于寝室，鋼铛之，注铁键其户，仅容二穴，通饮食、出便溺。……"也有人直接说："奴酋忌其弟速儿哈赤兵强，计杀之。"朝鲜人也说过努尔哈齐"杀弟而并其兵"，看来努尔哈齐杀弟之说似乎不是空穴来风之事了。清史大家孟森先生也因此认定努尔哈齐"手刃胞弟"。

二十一
幽禁长子

努尔哈齐虽然统一了女真大部分部落，又创制了满洲文字，成立了八旗制度，建立大汗国的条件确实具备了。可是在他自己的建州部当中，特别是自己的家族当中，却产生了有人对他不满的事情，这对他登上大汗宝座无异是一种障碍，也是一种挑战、一种威胁。

正如一般穷苦的家族在求生存发展的初期，家人都能同心合力地去勤奋打拼；但是到事业有成之后，大家常因地位、财富的分享问题，发生争执，甚至骨肉相残，导致家门不幸。努尔哈齐家族在建立大汗国前夕，也发生了可怕的家变事故。

努尔哈齐妻妾子女，有史料可考的共为妻妾十六人、子十六人、女八人。发妻元妃佟佳氏名哈哈纳札青，为他生二子一女，长子名褚英，次子名代善，女儿称东果格格。褚英生于明万历八年（公元1580年），在努尔哈齐众子中他嫡而居长，十九岁那年因征讨安楚拉库部有功，父亲特赐他"洪巴图鲁"（Hong baturu）美号，以示奖励。女真与蒙古旧有习俗，凡作战或办事有功劳的常被赐加美号，"巴图鲁"是"勇士"、"洪"是"天鹅"之意（日本学者如此解释）。万历三十五年（公元1607年），褚英又因与乌喇部作战大胜而再得"阿尔哈图土门贝勒"（argatu tumen beile）的美号，称赞他是"计谋多端的贝勒"，可见当时努尔哈齐对他的长子十分喜爱，父子关系必然正常良好。万历四十年左右，努尔哈齐更命令褚英掌理全国政务，褚英的地位更加凸显了。可是不久之后，褚英因为"局度褊狭"，在执政时与其他兄弟发生不快，也引起与努尔哈齐一同打天下的元老五大臣的不满，因而引发了一场政争，这件事在万历四十一年三月间所写记的满文旧档中记载了，这段汉文官书里不见的清初秘史是这样记的：

> ……四个弟弟和五个大臣就相议说了：我们目前的苦境，汗父是不知道的。假如报告汗父的话，执政的阿尔哈图土门就畏惧了；假如他畏惧的话，那么我们也就有生命的危险了。但是到汗父去世之后，我们则无所依恃。我们既苦而又不能安生，何不告诉汗父以后再去死呢？于是便把这些事告诉大汗了。汗说：你们以口头告诉我这件事，我怎么可以记得着，写个书面的东西来吧！后来四个弟弟与五个大臣都各写了一份报告，自述他们的苦情，奏呈给了大汗。汗就以大家的报告交给长子，并说：这些是你的四个弟弟与五个大臣列举你恶政的报告，你可以拿去看看，假如你有理由的话，也可以写报告来答辩。长子说：我一点答辩的话也没有。汗说：你如果真的没有话答辩，那么错就在你了。我虽然年纪大了，但还没有到不能作战、不能断事、不能执政的地步，这个国家的政务也还没有完全交给你呢！我以长子执政，原先就怕国人会发怨言的，只是我以为国人即有所闻，也许不会太非难我的，所以我才委政于你。掌理国家政务的人，对他的国人应该以宽涵为度，大公为心。现在你对待你同父所生的四个弟弟及你父亲任命的五大臣如此刻薄寡恩，那你怎么可以治理国家？……

上引文中所称的"四个弟弟"应该是指代善、阿敏（舒尔哈齐子）、莽古尔泰与皇太极。"五个大臣"则是随努尔哈齐共创龙兴大业的功臣费英东、扈尔汉，额亦都、何和理、安（班）费扬古五人。至于这些反对褚英的人所写报告书的内容，满洲旧档案里也提及了，扼要的说共有：一、褚英挑唆使四个贝勒与五个大臣发生不和。二、公然声称要索取诸弟的财物。三、褚英又放话说：我即位后，将与我为恶的诸弟与诸大臣悉皆处死等等。努尔哈齐感到事态严重，而且反对派实力强大，乃谴责褚英，不仅把他从执政的大位上拉了下来，同时也疏远了与他的关系。其后在万历四十一年大举征伐的战役中，独独留下了褚英在家看守，不让他出征，并派人在后方监视他。褚英在政争失败后，大为气恼，乌喇之战不能随征，更令他郁郁寡欢。他在大军出发后，即在赫图阿拉城中与他的属僚们说："假如我死了，你们能为我殉死吗？"属下人都说："能够的。"于是褚英便作书诅咒出征离家的群臣，并焚书告天。后来有人将此事告诉了努尔哈齐，在征乌喇胜利回兵后，努尔哈齐便把长子褚英幽禁在一间"高大墙垣的屋子里"，令他失去了自由。一说到万历四十三年，在建国称汗的前夕，努尔哈齐下令将褚英处死了。朝鲜人当时也以文字写下长子"红破都里"（为"洪巴图鲁"的音转）"为奴酋所杀"的说法。

立嫡立长的继承制度不是建州女真人的传统习俗，所以努尔哈齐在训斥褚英时就说："我以长子执政，原先就怕国人会发怨言的。"后来他以为国人不会太非难他，才让褚英理政。但是其他兄弟们个个看了眼红，不满褚英的主持国政地位，于是发生了这场政治斗争。

事实上，努尔哈齐在统一女真的过程当中，他将军事组织与社会组织统混在一起，以均摊战争、徭役、屯垦等一切义务，均分一切俘获战利物品为其经济基础，这在开创龙兴大业初期是能激励士气，扩大一己实力的。但是八家平均分配经济的制度是八旗制度日趋巩固的前提。如果八家不能独立平等，互不干预，而在上层又出现了一个领导人，想来集中大权，管理八家，像中国的皇帝一样，八家的主人当然不能接受。如果是"汗父"努尔哈齐犹可说，褚英是不可能在大位上安稳坐久的。况且八旗的经济实力不断地增强，管辖的人丁与土地越来越多，年久月深，八旗的相对独立性也愈形显著，八家之间的明争暗斗也日形激烈。努尔哈齐可能已意识到了这一点，所以让褚英试探性地理政，表面上是汉化，实际上是努尔哈齐借汉化的手段解决他辛苦多年创建的基业存在的问题。只是褚英不善经营处理、不懂拉拢人心，终致败亡的悲惨结局。

二十二
后金汗国建立

　　明朝末年，建州女真中有一部自称"满洲"的，在努尔哈齐领导下，从万历十一年为报父祖之仇起兵，经过三十多年的勤苦奋斗，不仅统一了建州女真各部，也并大部分海西与野人女真部落，诚如清朝官书里说的："自东海至辽边，北自蒙古，嫩江，南至朝鲜、鸭绿江，同一言语者，俱征服。"努尔哈齐又创制了满洲文字，成立了八旗制度，而且选用了一批有能力才德的人担任五大臣，与扎尔固齐为"议政事、理诉讼"的官，让五大臣与八旗旗主一同议政，参决机务，"每五日集朝一次，协议国政，军国大事，均于此决之"。这可以说是满洲政治、军事的中枢决策机构，以联席议政，显然不是一般小部落首长决定一切的情形可比了。与此同时，努尔哈齐又下令颁布法制，命扎尔固齐（Jarguci）十人为理事官，分任庶务，负责审理诉讼案件。当时规定如有刑民案件，先由扎尔固齐十人审问，然后报告五大臣，再由五大臣复查，并把案情报告诸贝勒，讨论议决。如果原被告一方认为不公，还可以向上申诉，由努尔哈齐查明案情，作最后裁决。这种层层会审制度，也可以看出满洲部族确已具备国家的规模了。

努尔哈齐早就有心要建立国家了。他在击败叶赫等九部联军之后，对朝鲜人行文已经自称是"女直国建州卫管束夷人之主"。他把"女直国"放在"建州卫"之上分明是对明朝宗主权的一种侵犯。不过，他是善用两面政策的人，他用的印还是"建州左卫之印"。万历三十一年（公元1603年）满洲部已消灭了哈达，控制了辉发，努尔哈齐在赫图阿拉又增建了新城，满洲文字也创建完成，四旗整编完竣，他觉得自己的地位不同于其他女真首长，于是他在给朝鲜边将的文书上，具名称自己为"建州等处地方国王"，建国与明朝对抗的心迹更为明显。万历三十四年，蒙古恩格德尔引领了喀尔喀五部使者，一同来到赫图阿拉拜谒努尔哈齐，并为努尔哈齐加上"昆都仑汗"（kundulen han）的尊号，尊他为"谦恭的可汗"，努尔哈齐已被部分蒙古人认定是一国的元首了。

万历四十四年（公元1616年），努尔哈齐在赫图阿拉正式称汗，当天还举行了隆重的典礼，清官书里是这样写记的：

> 正月朔甲申，八固山、诸王奉众臣，聚于殿前排班，太祖（指努尔哈齐）升殿，诸王大臣皆跪。八大臣出班，进御前跪，呈表章。太祖侍臣阿敦辖（"辖"为满语hiya对音，意为侍卫）、额尔德尼巴克什接表。额尔德尼立于太祖左宣表，颂为列国沾恩英明皇帝，建元天命。帝于是离座，当天焚香，率诸王大臣三叩首，毕，升殿，诸王大臣各率固山，叩贺正旦。

不过据老满文的档册所记，有些出入，除了用"汗"不用"皇帝"以及只写"amba（大）genggiyen（庚寅，意为英明）han（汗）"是"养育诸国"字句不同外，最大的相异处是旧档里没有说当时"建元天命"。建元天命是日后康熙重修《太祖实录》时重加上的。万历四十七年，努尔哈齐在萨尔浒山战胜了明朝四路大军，雄据辽东的地位确保了，他铸了一颗大印，上面刻着"天命金国汗之印"（abkai fulingga aisin gūrun han i doron），当时他已正式称汗后三年了，他还仅说他是"天命的"汗，天命显然在当时还不是年号。从旧档册里多处记事全用干支一事也可以证明。至于称"金国"则是毋庸置疑的，因为在万历四十一年努尔哈齐囚禁他长子褚英时，就提到"执掌金政"的事，而第二年朝鲜人也说努尔哈齐"今者国号潜称金"了。国号称金是与12、13世纪的金朝拉关系，表示满洲是"金之遗种"，努尔哈齐建国是完颜金的复兴，就像在他家姓氏上加上"爱新"（Aisin，意为"金"）一样，都是用以号召女真各族，反抗明朝的。当然这种事在清朝日后官修的汉文史书里都被淡化处理了，不提完颜金的往事，隐讳了攀附的史实。

努尔哈齐与他的儿子皇太极当大汗的时候，也就是明万历四十一年以后到崇祯九年（公元1613~1635年）之间，老满文档册里至少有九十处左右出现"金"或"金国"为他们的国号，其中更有四十多处是两位大汗写给明朝君臣、太监、官生或人民以及朝鲜国王、边将的文书上使用的。后来皇太极还为"金"国号的事与朝鲜政府和明朝将军袁崇焕争论过，所以建州势力强大后独立建国时，确实是使用"金"为国号，这一点应该毋庸置疑。至于"后金"这个称号又是代表什么意义呢？近代史家有人说："史学家为了把努尔哈赤建立的金国和完颜阿骨打建立的金国相区别，称努尔哈赤的金国为"后金"，并非努尔哈赤自称过"后金"。这种说法黄彰健教授极不赞同，他认为努尔哈齐建立国号，并不自万历四十四年始。从万历二十四年起，一直到他去世，三十年间，他的国号经过五次改变，即最初系称女直，旋改女真，又改建州，后又改后金，最后改称金。在万历三十三年时努尔哈齐已称建州等处地方国王。万历四十四年仍用建州，称大汗时未另定新名。改用后金作年号则在万历四十七年，大败明军于萨尔浒山一役时。其后在明熹宗天启元年，再改称金。黄教授的说法是根据史料而发的，我个人以为可信，因为万历四十七年朝鲜官方史书《光海君日记》中四月十九日条下就记载说：

胡书中记迹，令解篆人申如撺及蒙学通事翻译，则篆样番字，俱是"后金天命皇帝印"七个字。

另外，在天启二年（公元1622年）以明朝兵部尚书身份经略蓟辽军务王在晋，他在《三朝辽事实录》一书中也说：

奴酋僭号后金国汗，建元天命，指中国为南朝，黄衣称朕，词甚侮嫚。

万历、天启时代的人都说努尔哈齐用了"后金"皇帝字样印信，"僭号后金"，显然"后金"是努尔哈齐在当时自称的国号，而不是三百年后近代史家为区别完颜阿骨打新加的了。

努尔哈齐建立的金国，在他儿子皇太极继承汗位后还沿用约十年。后来因征服了蒙古，打垮了朝鲜，而且多次取得对明朝用兵的胜利之后，在明崇祯九年（公元1636年），皇太极下令改元崇德，并将国号由金改为大清了。

二十三
"七大恨"告天

　　努尔哈齐建立后金汗国之后，深深感到八旗旗权日益膨胀的可怕，每一旗都不允许其他旗的势力权位超过自己，如此下去，他的国家在不久后便要分崩了，所以他为了转移八旗首脑们的注意力，乃继续不断地发动战争，以消弭内斗。首先他先巩固辽东的大后方，从万历四十四年到四十六年间，他命令八旗军向野人女真居住的边区开拓。如派兵征伐黑龙江中游两岸的萨哈廉部，夺得兀尔简河南北一带三十六寨与萨哈廉部内的十一寨地区。另外也对东海渥集部、虎尔哈部用兵，在天命三年（明万历四十六年，公元1618年）使其归附。辽东后方的女真陆续被征伐、归降，实际上就是解除了后金的后顾之忧，让努尔哈齐可以专心南向与明朝争霸了。

　　天命三年正是辽东大水灾之后，"种子农粮俱乏"，"饿莩相望"于道，努尔哈齐部下人数却日增，尤感粮食不足。为解决人畜食品，最快速而又最直接的方法就是向汉人聚居的农业区进行掠夺。同时若向明朝汉人发动战争又可把被征服的女真各部仇恨心转向汉人，当然对外战争时八家的内耗必然也大为减轻。在一举多得的情势下，努尔哈齐便向诸贝勒大臣说："吾决心已定，今年征明。"

努尔哈齐决心征明，是他对明朝佯装恭顺而变成公然反明，这是他对明政策上的一项根本性变化。在那一年的四月十三日，他以"七大恨（又称七宗恼恨）"告天，誓师征伐明朝。"七大恨"的内容据清朝官方的史料说是：

我之祖、父，未尝损明边一寸土地，明无端起衅边陲，害我祖父，恨一也。

明虽起衅，我尚欲修好，设碑勒誓，凡满、汉人等，毋越疆围，敢有越者，见即诛之，见而故纵，殃及纵者。讵明复渝誓言，逞兵越界，卫助叶赫，恨二也。

明人于清河以南、江岸以北，每岁窃踰疆场，肆其攘夺。我遵誓行诛，明负前盟，责我擅杀，拘我广宁使臣纲古里、方吉纳，挟取十人踰杀之边境，恨三也。

明越境以兵助叶赫，俾我已聘之女，改适蒙古，恨四也。

柴河、三岔、抚安三路，我累世分守疆土之众，耕田艺谷。明不容刈获，遣兵驱逐，恨五也。

边外叶赫获罪于天，明乃偏信其言，特遣使臣，遗书诟詈，肆行陵辱，恨六也。

初扈伦诸国合兵侵我，故天厌扈伦启衅，惟我是眷。今明助天谴之叶赫，抗天意，倒置是非，妄加剖断，恨七也。

以上"七大恨"实际上都是努尔哈齐与明朝之间三十多年的一些陈年老账。像第一恨祖父与父亲的被杀，以前指尼堪外兰是不共戴天的仇人，现在把这笔仇恨算到明朝头上来了。第二恨是指明朝违背设碑勒誓的事，时常"逞兵越界"。第三恨说明朝负盟，拘使迫杀无辜。第五恨则是不准建州人收割辛苦种植的粮食，表明了明朝政府以大欺小及违约行为，也藉以挑拨起民族间的仇恨。其他各恨中多涉及叶赫，这当然与建州、叶赫间结仇最深有关。尤其是第四恨叶赫将努尔哈齐已聘之女，改嫁给蒙古一事，令努尔哈齐更是不满，因为在女真氏族制度下，联姻即是联盟，退婚、改嫁就是敌对，这固然是可以争得女真族人同情的。不过建州与叶赫的仇恨是多年不能解的，双方的婚姻关系都为政治服务。努尔哈齐有的是年轻貌美的妻妾，强调这位"北关老女"的婚事当然只是作为兴师攻明的一项借口罢了。明朝人当时就说过这样的话：

> 夫奴酋治容之人，何求不得，而斤斤一三十五岁之老女？且夷俗何所不为，而未嫁之老女有何体面？所系不过留其不了之局，以兴问罪之名，乘间窃发，基图渐大，渐可蚕食，此奴之本志也。

再就柴河、三岔、抚安收割一事而论，这些土地原先都是哈达王台的所属故地，努尔哈齐说是他世代祖先的耕地与事实不甚符合，当然建州灭了哈达，占有了哈达的土地，扩耕南关，势所必然。可是建州不断发展耕地，不断向汉人地区扩张，明边臣当然害怕，因为逼近内地，一定威胁到边防，明朝如果阻止努尔哈齐西耕扩张，则可以收到保护叶赫被侵、减少建州生产力量之效；而对明朝的贡市、马市的依赖，也使努尔哈齐不敢犯顺。明朝的限制努尔哈齐西进，是想切断他向外发展的道路，使建州不能独立生存，看来是有一定原因与道理的。

总之，所谓"七大恨"表面上看是些鸡毛蒜皮的理由，但都是女真族对明朝积怨的一次总爆发，努尔哈齐想借以激化民族感情和愤怒而号召本族同胞反明的。

努尔哈齐反明的心是一贯不变的，只是在自己势力不足抗明时佯装忠明而已。如果我们从他一些行事踪迹上看，不难了解他的心态。他起兵报父祖之仇追杀尼堪外兰时，竟在鹅勒珲城中不分青红皂白，杀死城中所能见到十九名汉人，仇汉反明的心意完全显现。不过他的隐藏、忍耐功夫也到了家，随时随地向明朝中央表示忠顺。万历二十三年明朝驻朝鲜武官余希元第一次访问建州旧老城时，努尔哈齐称他"天朝老爷"，并向余希元与朝鲜通事说尽好话，表示他忠诚对明，希望来访的人回去向明廷报告。余希元临别时努尔哈齐还送了他一匹大马，以示好感。可是十年之后，当余希元在万历三十四年再访建州时，所受到的待遇大不如前了。不但不再以"天朝老爷"为称，朝鲜人竟说："奴儿哈赤，对余希元礼貌言辞比前倨傲，希元心惧，疾驱而归。"显然余希元是看到情势严重才急于溜逃的。当然这时的努尔哈齐已今非昔比，他消灭了哈达，占得明边险山与宽甸六堡的土地，实力强大很多了。不久后又兼并了辉发，战胜了乌喇，在他心目中，明朝似乎已不再是"天朝"了，甚至他还向明朝边臣声称你我"两家"，与明朝的地位平等了。到"七大恨"告天并分送朝鲜与辽东各地后，更以"南朝"与"北朝"称呼彼此了。由以上这些事件里，相信已可看出努尔哈齐出兵三十多来的基本心态。

明朝君臣怎么能糊涂至此呢？怎么能被努尔哈齐蒙骗那么长久呢？其实辽东的边臣或是言官御史也不断地上奏说努尔哈齐"反形已着"或是"变态已彰"。"七大恨"公开提出时，明朝也有大臣上疏说："迹其七宗恼恨之词，浑是一片激挑之意。"可见他们对努尔哈齐的情报并不缺乏，而且也分析得很正确，只是朝廷君臣苟安成性，又有党争，加上重视内地人民动乱，轻忽边疆的"蕞尔小夷"，努尔哈齐乃得在辽东不断发展，直到抚顺、清河两地沦陷，明廷才意识到事态严重，才集结大军想来消灭建州。

二十四

计取抚顺

　　大约在努尔哈齐以"七大恨"告天，誓师征明的前十天，即天命三年四月初，明朝抚顺游击李永芳宣布在四月十五日大开马市，让女真人来抚顺关进行交易买卖。努尔哈齐在年初已决心征明了，现在听到这项消息，当然视为良机，他与众贝勒、大臣们举行了一项秘密会议，决定了以下的几点攻取抚顺大计：一、派人以厚赏收买抚顺城内士兵作为向导。二、煽动蒙古贝勒介赛到抚顺来讨赏，以分散李永芳的注意力。三、派部下冒充商人并制造千人入市的谣言以诱惑明守城官将出城牟利。

　　四月十三日，努尔哈齐在宣布"七大恨"的同时，他也率领了大军出发，走向抚顺城。第二天，大军到了抚顺境地，努尔哈齐命令兵分两路，一路由他自己与四子皇太极统领直奔抚顺，另一路则由左翼四旗兵进发东州、马根丹这些离抚顺不远的明军驻守地区。

　　四月十五日，在抚顺马市进行买卖时，后金大军攻克了抚顺城。这一仗是怎么致胜的，有下面几种不同的说法：

　　清朝的旧档册与后来编成的努尔哈齐《实录》等官书，都说当时八旗兵军力强大，布阵百里，兵到围城，随即命被捕汉人入城送信给李永芳，以禄位相诱，令他投降。李永芳最初命城上备守具，有作战意。努尔哈齐乃命八旗军竖云梯登城，经激战之后，抚顺城千总王命印等力战身死，"游击李永芳勉强投降，穿官服乘马出城，镶黄旗固山额真阿敦引与汗见，不让下马，帝（指努尔哈齐）于马上拱手答礼"。顺治与康熙年间所修的《太祖武皇帝实录》与《太祖高皇帝实录》则分别改作："永芳下马跪见，帝于马上拱手答礼"以及"永芳下马匍匐谒上，上于马上以礼答之"，这当然是后世史官逐渐修改的溢美之词。不过，无论如何，清朝的史料都是说后金以武威取得抚顺城的。

不过明朝的说法就不同了，《明神宗实录》中记：

> 先一日（指四月十四日），奴于抚顺市口言：明日有三千达子来做大市。至日，寅时，果来叩市，诱哄商人、军民出城贸易，随乘隙突入。

明朝人王在晋的《三朝辽事实录》中也记写道：

> 四月十五日，奴儿哈赤计袭抚顺，佯令部夷赴市，潜以精兵踵后，突执游击李永芳，城遂陷。

当时朝鲜的官书也记：

> 奴酋向来与抚顺互市交易，忽于前面四月十（五）日，假称入市，遂袭破抚顺。

以上的两种不同说法究竟哪一种可信呢？我个人以为明朝与朝鲜的记载比较真实。原因之一是清朝史书几经删改已经不存真象。例如"李永芳勉强投降"、努尔哈齐"不让下马"与他"马上拱手答礼"一事，后来改成"下马跪见"、"下马匍匐谒上",除了抬高努尔哈齐的身价之外,也掩饰了李永芳受优遇的实况。事实上努尔哈齐与李永芳是旧识,他们在六年前还在抚顺所教场里"并马交谈"过,可见他们的关系不浅。原因之二是努尔哈齐在出兵之前曾向领兵的众贝勒、大臣们说过:

> 凡安居太平,贵于守正。用兵则以不劳己、不顿兵,智巧谋略为贵焉。

这种以"智巧谋略为贵"的战略,实际上就是"兵不厌诈"。抚顺是辽东重要的马市之一,濒临浑河,既有险要形势,又有重兵,若不是努尔哈齐佯称互市,潜以精兵,外攻内应,李永芳虚与应付,如何能在一天之内攻陷此城,而且后金兵损失极少呢?

在取得抚顺的同一天,八旗左翼兵也攻克了东州、马根丹二地以及附近的台、堡一百多座(一说五百座)。抚顺城里军民被杀伤的有两万人,近一万人被掠走,官兵也有五百九十多人被俘。东州守堡官李弘祖战死,军士被俘的二百二十多人。马根丹则有守备与军民被俘的一百六十多人,总计三城被俘的官兵近一千人。不过在这片伸越百里的土地上,后金兵所掠得的人民与牲畜近三十万口。十六日,努尔哈齐留兵四千拆毁抚顺城,并论功行赏,将人、畜分给众军,降民编了一千多户。俘虏中有山东、山西、苏州、杭州等地来参加马市的商人十六人,努尔哈齐没有杀他们,反而分别赏给路费,命他们各带"七大恨"书一件,返回家乡。

辽东巡抚利瓦伊翰听到抚顺失陷,立即命令总兵官张承荫前往,不过到抚顺被后金攻取后的第五天,张承荫才集合好边军来增援,后来又有辽阳副将颇廷相、海州参将蒲世芳、游击梁汝贵等率兵前来。张承荫原想分兵五路并进,但是发现除后金兵外,还有蒙古介赛各营兵以及察哈尔林丹汗的部屯集辽河西岸与镇静堡一带,使明兵进退维谷,只得尾随后金兵,或据山守险,以待时机。努尔哈齐原想不必出击,但大贝勒代善与四贝勒皇太极则认为应乘胜破敌，以竟全功。努尔哈齐乃下令以三万军力环攻明军，并利用风沙大作的有利天时，冒死冲阵。当明军被层层围困时，明右营游击刘遇节突然临阵脱逃，引起各营兵相继大乱，纷纷溃散。八旗兵乃随后追杀，大获全胜。此次战役明兵方面"主将兵马，一时俱没"，也有人形容明兵死伤无数，尸横相枕。总兵官张承荫、副将颇廷相、参将蒲世芳等军官五十多人阵亡，兵丁得脱不死的十之一二。八旗兵事后统计共得甲七千副、马九千匹，兵仗器械不可数计。努尔哈齐在大败广宁援军后，再一次论功行赏，八旗上下人等，个个满载而归。同月二十六日，后金兵又奉命将抚顺等地的地窖多处存粮，一一集中起来，随着凯旋大军，运回了都城赫图阿拉。

　　抚顺之役，后金兵不但取得很多大城小堡，也俘获了数以几十万计的人口牲畜，还有很多的财物，大大缓和了因灾荒缺粮而加剧的社会问题，也平静了众贝勒间的明争暗斗。这是努尔哈齐起兵三十多年来第一次与明朝的正式战争，没有想到如此顺利，并有如此大的收获，因而激起了后金贵族统治高层的信心与贪欲，在同年五月间，后金兵又攻克了抚顺与铁岭间的抚安堡、花豹冲、三岔儿等大小十一座台堡，并又获得不少财富与粮窖中的存粮，他们变本加厉，进一步地把兵锋指向清河大城了。

二十五
战克清河

努尔哈齐取得抚顺之后，虽然又向抚安堡、花豹冲等地进军，但在心态上显然变得平静多了。明廷收得的谍报称：努尔哈齐已往后退兵三十里，甚至有探报说他有悔悟之意。朝鲜则更因后金的通书示好，对努尔哈齐的出兵侵明，认为有不得已的苦衷，所以很同情后金，对明廷上奏文中有努尔哈齐确已悔罪自责，"备见忠顺"的字样。又说努尔哈齐退居巢穴，鼠伏不出，是怕明朝天兵来征讨。

后金兵确实一度沉寂了下来，没有什么大行动。不过他们"鼠伏不出"，不是为了自责，更非对明朝忠顺，而是需要时间来消化他们的战利成果。他们忙于安置编户的汉人和分配俘虏财物，整顿内部，修缮战具，并且在沿边布防，观察明军是否有兴兵报复的行动。

明廷确实在抚顺失守后有大臣建议对建州临以兵威的，不过朝廷上下一片惊恐与慌乱，只在辽东边将位置上因死亡出缺做了一些调补的工作。当时辽东出现有将无兵的现象，大臣奏请皇帝发帑银百万两练兵征剿建州，皇帝只允准拨发十万两，另悬赏金千两，发给能斩杀努尔哈齐的勇士，并赐予世袭爵位。态度与做法可以说是相当消极的。

经过四个月的休息、整顿与准备，后金兵已达到兵强马壮的有利作战状态了，而明军并无征战的迹象，努尔哈齐乃在天命三年（公元1618年）七月间，再挥师指向辽东另一重要城市清河了。

清河城地势险隘，是辽阳与沈阳的屏障之地，城池不大，周围三里，四面拥高山，是距离赫图阿拉最近的一处明朝边堡。由此城东通鸦鹘关稍为平坦，是明人与后金出入边墙的孔道。后金从此路而出，西北至沈阳，西南直逼辽阳，其间无险可守，所以努尔哈齐若想进一步向辽、沈地区发展，清河是必争之地。

明朝当然也知道清河的重要性，自抚顺沦陷之后，便积极增强清河战备，守军由五千人增为八千人，"一切火器城守之需，靡不具备"。辽东经略并指示清河的守将邹储贤，敌人若来侵犯，应设伏于城外的山径小路或险峻山地，以牵制敌兵，不可拥兵城内，束手待毙。

七月二十日，努尔哈齐率领众贝勒、大臣等统兵向清河进发，当天围困了鸦鹘关。第二天，守将邹储贤听到后金兵来攻消息，不但自己不出城迎战，也反对部将出城迎战，下令紧闭城门，准备长期坚守，以待外来援军。

努尔哈齐的大军到达清河城外，见城门关闭，乃下令兵士先紧围清河城，接着命军队冲杀城下竖云梯登城，冒险抢攻。城上守军则以滚木齐下，石矢交加，再以火炮猛轰，造成八旗兵极大的死伤。努尔哈齐见状，知猛攻不成，随即下令暂退，改为远围，并派李永芳往城下劝降，邹储贤怒责他是不义之人，准备放箭杀他。努尔哈齐于是再下令尝试以人海战术猛攻，但又被城上守军击败。朝鲜人说："虏兵八进八退，死伤极多，朝而战见星。"是不是"八进八退"我们不敢确定，不过战况一定是惨烈可怕的，应是实情。战争一直延续到星斗满天，努尔哈齐再下令在夜幕低垂掩护之下，士兵们头顶木板，从城下挖墙而入，攻下了清河。明朝人王在晋对这场战争作了如下的描写：

二十二日，奴从鸦鹘关入围清河。参将邹储贤拒守，以火器杀贼千余，贼退而复合。援辽游击张旆战死，贼冒板挖墙城东北角，堕叠尸上城。储贤见李永芳招降，大骂，尽焚衙宇及妻孥，领兵战于城上，力屈死之。

不管邹储贤的战略是不是有失误，但他毕竟战死疆场，为国捐躯了。比起那些该来而不来的援军，应该给予礼敬才是。例如援辽总兵麻承恩，他早已知道努尔哈齐将发动清河之战，他却只率领了一千兵丁，迟迟上路，而且从沈阳到开原后就不再前进了，眼看清河陷落。另外李如柏也知道清河有警，但也不赶来增援。其他如辽阳的王宣、开原的麻岩、铁岭的郑国良等明朝将官，也都是缓缓出兵，到达战场时，清河城已是一片废墟了。只有叆阳的参将贺世贤率兵五千，及时赶到清河，不过在中途就与金军遭遇，互有死伤，但对清河的战局已无回天之术了。

另外也有一说，认为努尔哈齐攻打清河时，又利用了人性中贪利的弱点，他派人"驱貂、参车数十乘入城，貂、参穷而军容见"，也就是说他以貂皮、人参等珍贵物品引诱明朝的将官，而松懈了提防，洞开了城门，让努尔哈齐能轻易地攻下清河，取得再一次胜利。不过，这一说是否可信，不得而知。这是当时人的记述，写在这里聊备大家参考吧。

清河城被攻破之后，八旗兵纷纷入城。当时城中尚有明朝的官兵六千四百多人，民户五百多家。据说这些军民与后金兵发生了激烈的巷战，结果被杀的军民以万计，剩下的部分壮丁，被拘捕出城，非砍杀即变成奴隶。

清河之战，是后金兵与明兵的一次正式攻防大战，比抚顺激烈凄惨得多。八旗劲旅死伤不少，而明兵的损失更是严重。朝鲜人记："城主力战而死，士卒亦无投降者。"明兵的表现也算不差了。只是其他各城各地的明兵多半畏敌丧胆，多半不敢与八旗兵进行正面的野战，只想依恃火器、等待援兵来退敌，邹储贤也多少具有这种心理，其他的明朝边将如麻承恩、李如柏等，更是典型。

　　努尔哈齐与后金的众贝勒、大臣们，则在抚顺、清河连战皆捷之后，更增加了战无不胜的信心，准备寻找攻明的下一个目标了。

二十五
战克清河

二十六
抚顺战后的对明政策

如前所述，努尔哈齐在抚顺得胜之后，利用外交手段，尽量与朝鲜通好，使朝鲜王廷产生错误印象，认为他已"悔罪自责"，"备见忠顺"。努尔哈齐对明廷也仍佯装有善意，表示想与明朝谈和，所以把抓来的东厂差官张儒绅、张栋、杨希舜、卢国仕四人释放，让他们带着盖有印文的"七大恨"回京，以求和为名，要他们传递信息。努尔哈齐自称建州国汗，显然有消弭朝廷主战人士情绪用意的。不过，在张儒绅等人经过的路上，努尔哈齐下令遍设精兵，有的地方多达千人以上，以示兵威强盛，借以显示随时可以发动战争，让畏战的大臣更加害怕。

另一方面，努尔哈齐对汉族人民，似乎改变了"遇唐人则尽屠"的传统政策。他除了在军中"侦得南人语声，即便释放，各予银三两，以示招徕"。对投降的各地军民也给予优待与妥善的照顾。例如抚顺被取得之后，李永芳带着五百九十八名部下投降，努尔哈齐即予以收养，并将在战争中离散的父子、夫妻、兄弟、主奴，调查后归还本主，让大家团聚。为了使他们生活有着落，努尔哈齐又下令分给他们坐骑、奴仆、耕牛、衣服、被褥、粮食以及牛、猪、鸡、鸭、鹅、狗等家畜，还有桌子、水缸、木桶、刀、锥、剪、针等日常家用品，可以说凡是家庭必需用品，都一应俱全地发给。还有些被认定是勇于战斗的投降兵丁，更配给出师行围需用的军器与乘马，月给米一斗，甚至还配以妻室。如此优待归降的汉人军民，当然是为了笼络汉官与收买汉族民心。对于李永芳这样的高级军官，更是有礼遇办法，努尔哈齐把他第七子阿巴泰的长女许配给他，在那年闰四月初八日的结婚喜宴上，后金的大汗、贝勒、大臣都参加了婚礼，给李永芳以至高的荣宠，称呼他为后金的额驸（efu，驸马），并依汉人旧制，让李永芳来管辖那批投降的汉兵。

不过，努尔哈齐对在战争中反抗的汉人则是给予无情的杀戮，像清河城破后，城里参加巷战的军民五万多人全被杀光了。会安堡的战役中也是一样，将一千名俘房中的三百名男丁全数屠杀于抚顺关外。这类顺者优待收养与逆者无情杀光的做法，固然是女真部落时代的旧俗，但努尔哈齐给旧俗赋予了新含义，他用以作为招徕汉族军民的宣传，而在日后的对明战争中确实收到了很好的效果。

努尔哈齐对明朝的防范是不遗余力的。他知道明朝不会善罢甘休，所以在他攻下抚顺等六城之后，不但下令将城池全部拆毁，其间"台墩多至一百十五座，自抚顺至张家楼子凡三百里，皆被毁坏"。打下清河之后，又命令将三岔堡到孤山堡一带的所有房屋尽行焚毁。一堵墙、碱场二城也都予以严重破坏。如此一来，即使明朝军队再来清河与抚顺等地想收复失地，也找不到存身之处。同时以上这些新取得的地区，无论是城堡、台墩或是民居，凡有地窖存粮的，都被搜挖一空，人背牛驮，运回都城赫图阿拉。甚至将各地田野中尚未成熟的禾苗，也让八旗兵纵马放牧，使这一带地区在短期内不会有农作物生产，也见不到人烟，以增加明军来此报复的难度。

努尔哈齐在向明朝发动战争之初，又制定了联络蒙古的政策。进攻抚顺之前先派人去鼓动喀尔喀蒙古介赛等首脑来抚顺讨赏，使得明兵不能专力注意八旗兵，抚顺陷落后，等张承荫援兵来到抚顺边墙外时，介赛与林

三十六　抚顺战后的对明政策

丹汗都领兵到达辽河西岸与镇静堡等处，牵制了明兵，使其不能与后金兵一方作战。努尔哈齐此时以大量银币送往一些蒙古部落，邀请他们协助进兵，因此当后金兵于五月间攻抚安堡、花豹冲等地时，蒙古兵确有赴前线声援的。王在晋的《三朝辽事实录》里说：努尔哈齐联合蒙古各部兵二十四营，近十万之众。他的说法显系夸大了一些；但后金在当时联络蒙古，以增强兵力犯明是一事实，而且在策略上看是成功的。

明廷对努尔哈齐的公然反叛、愤怒异常、大臣们上书献策"章满公车"，然而事实上说的比做的多，由于国库空虚，军饷不能筹集，皇帝又不肯拨内帑充作军费，只象征性以六万两购战马，十万两作收复失地军费，根本是无济于事的。因此辽东的情况极糟，将令不行、士气低落，而明廷下令自内地各省征调的将领也迟迟不出关，援助辽东的兵士也只有五千人报到，而且分散防守。新募了一些兵员虽已集合训练，但因军饷不济，据当时大臣杨一桂说："几近散去。"即使是与自身存亡有关的叶赫部，明廷命令他们出兵，也持观望态度。明朝想要主动出击，收复失土，实在很难。

广宁巡抚鉴于努尔哈齐表现尚佳，乃在同年六月下旬，即抚顺失守后两个多月，派出七人到后金去试探议和，这也是本身无力剿灭后金情况下想出的唯一方法，幻想能以和谈得到安定，甚至收回一些失土。努尔哈齐则是直截了当地回答说：我的征战所得的人，即使是一个，也无归还之理。若以我的行为是对的，除了我已经得到的之外，还应该增加给我金、银、帛、缎等物。若是认为我不对，可以兵戎相见。和谈不成，明使只好返回广宁。努尔哈齐也就在不久后发动攻打清河的战争了。

九月底，也就是后金兵攻陷清河后的两个多月，努尔哈齐再次派兵深入明边，沿途抢杀，并曾将一名被俘的汉人，割去双耳，命他带着一封书信给明朝辽东边将。信中措辞强硬，仍坚称：

若以我为非理，可约定战期出边，或十日，或半月，攻打决战。若以我为合理，可纳金帛，以图息事。

明廷见努尔哈齐态度顽强不恭，一边加紧征集国内各省军队，一边悬重赏希望有勇夫出面生擒或斩杀努尔哈齐，赏格是白银万两，晋升为都指挥；能斩杀努尔哈齐儿孙的也赏银二千两，晋升为指挥，决心与后金作一殊死之战了。

万历四十六年（天命三年，公元1618年）底，努尔哈齐故技重施，又将攻占抚顺时俘获的皇家五个人与通事等共七人放还，稍示和解之意。明朝中央当时已任命杨镐为辽东经略，这位带有暮气的老将，经主和派李如柏的游说，又派人与努尔哈齐进行了一次和谈。当明使李继学携带后金文书返回广宁时，杨镐才觉悟和议是不可能的，因为努尔哈齐既要明朝皇帝撤回驻守叶赫的官兵，责备辽东边臣，承认他兴兵攻抚顺、清河等都是合理以外，还要求明朝封他为王，赠送一千五百道敕书、缎三千匹、金三百两、银三千两，否则绝不罢兵。

努尔哈齐的这些经济要求，实际上可能比明代女真各部对明的全部朝贡、市易以及明廷给的全部赏赐总和还多。另外他也要求封王，当然不会退还占有土地。努尔哈齐提出的条件委实太高了，大家只有以武力来解决问题了。

二十七
萨尔浒山大战

努尔哈齐既是狂妄不堪，"天朝"当然不能忍受了，因而下令征集山东、山西、陕西、甘肃、四川、福建、浙江等地兵丁援辽，并起用名将杜松、刘綖等人为经略杨镐的助手，咨文朝鲜派兵参战，加派辽饷以作军费开销，一时朝廷上下，都有雪耻复土的振奋，朝鲜也认为"奴之期命，其焉至矣"，消灭努尔哈齐指日可待了。

杨镐在大军云集辽东之后，坐镇辽阳，他的作战方案是兵分四路，直捣后金都城赫图阿拉。

北路军由总兵官马林为主将，统兵一万五千人，并有叶赫兵万人，分道并进。北路是由靖安堡出发，趋开原、铁岭，从北面进攻赫图阿拉，当时亦称开原路军。

西路军由名将杜松率领，兵员两万五千人，由沈阳出抚顺关，沿浑河北岸进入苏克苏浒河谷，分进合击，直捣后金都城，此路军为主力，亦称抚顺路军。

南路军以辽东总兵官李如柏为统帅，率兵两万五千人，由清河出鸦鹘关，从南方进攻赫图阿拉，此路军亦称清河路军。

东路军则以名将总兵官刘綎为主将，率南方浙江等地兵一万多人。另有朝鲜军一万三千人由姜弘立、金景瑞指挥，受刘綎节制，由马凉佃出发，会合朝鲜兵，从东面进攻赫图阿拉，此路大军又称宽甸路军。

另外在清河与叆阳间，因山险路狭，重兵无法通过，杨镐命以轻兵张疑设伏，以牵制后金。明朝此次大约动员了十万兵员，加上朝鲜与叶赫参战军，总兵额约有十二万人，为虚张声势，杨镐号称四路大军为四十七万。

为了申明军纪，杨镐在出师前宣布军令十四款，并将抚顺之役临阵脱逃的指挥白云龙当场枭首示众，以杀一儆百。不过当时人记载说，砍杀白云龙时因屠刀不锋利，"三割而始断"。另外也有将官在教场上驰马试槊时，木柄腐朽，槊头堕地。辽东军中武器的残破可见一斑。杨镐在辽阳誓师时，要求各路军"出边之时，合探会哨，声息相闻，脉络相通"。

杨镐原定在明万历四十七年（天命四年，公元1619年）二月二十一日出师，但在十六日天降大雪，乃改于二十五日出发。由于从各地征调来的兵将对辽东路况不熟，杜松等将领又因雪迷路，请缓师期。杨镐则因京中大学士、兵部尚书等连发红牌，催促进兵，杨镐也无奈只命大军按时上路，"若复临机推阻，有军法从耳！"在另外一方，努尔哈齐则严密封锁内部消息，相反地勤于收集明军消息，他得悉明兵分四路而来，并早已判定明军会选定浑河与苏子河汇合处为主战场。当地有界藩山与萨尔浒山，分别在苏子河东西两岸。努尔哈齐急速派人于界藩山上建防御工程，并将苏子河壅沙筑堤，以备明军渡河时放水淹溺明兵。

杜松是榆林人，为西陲名将，当年"守陕西与胡骑大小百余战，无不克捷"。他知道杨镐年老寡谋，李如柏不可信，马林本身懦怯，他想以大军一举重挫后金，获得首功，他的轻敌贪功却误了大局。二月二十九日晚他从抚顺出边，三月初一日抵浑河，大军日驰百余里，人马疲乏，监军等建议安营小憩，杜松以会师期急，欲贪功先克赫图阿拉，乃下令麾兵渡河。"河水不遮马腹"，杜松以为"天人齐助"；但没有想到在大军渡河

"十之七"时，后金兵突掘坝放水，立即淹死明兵一千多人，大军被分割为二，辎重也被淹或无法过河。杜松军虽已渡过浑河，但兵力士气已大为减弱，而八旗兵又大举来攻，先围剿留在西岸的明军，因人数不及后金兵多，在寡不敌众的情况下当晚就被杀害或溃散。第二天三月初二日，八旗军集中兵力猛攻河东的明军，杜松率兵在萨尔浒山下大营迎战，虽放火铳，发巨炮，奋战数十余阵，但八旗劲旅从河畔、林中、谷地、山间轮番出战，伏兵无尽，杜松终在矢尽力竭后，落马而死。西路军就这样一败涂地，清朝后人说："横尸亘山野，血流成渠，其旗帜、器械及士卒死者，蔽浑河而下，如流澌焉。"努尔哈齐在萨尔浒、界藩一带的大胜，为萨尔浒山之役的全胜，奠定了基础。

从开原、铁岭出发的北路军主将马林，一向以胆小如鼠闻名，杨镐不听别人劝告还是重用了他。这次出兵他从铁岭出三岔儿，一路缓行，到三月初二日会师的时刻，他才到达稗子谷，离浑河西岸还有一段路程，当时杜松大军已惨败覆没。第二天一早，努尔哈齐统率了战胜杜松的主力军与原先安排迎堵马林的军队合而为一，向马林军攻杀而来。马林得悉杜松已败死，不寒而栗，紧张万分。他的部下也丧胆哗然。马林乃下令停止前进，自己率兵士万名在尚间崖立营，命部属龚念燧领少数兵扎营于附近，另一属下潘宗颜也领兵数千守尚间崖三里程外的斐芬山，美其名曰"牛头阵"，实际上是用龚、潘二人为其掩护。他这种从积极主攻变为消极防守政策，不但分散了原本不多的兵力，同时又使各营蚕缚，实在不智。八旗兵先由皇太极率师猛攻龚念燧营，由于实力强弱相差很大，战不多时，明军大败，龚念燧与其属下官兵全部阵亡。努尔哈齐接着命代善、阿敏、莽古尔泰等人以强大兵力进攻主力马林之尚间崖，明军虽发鸟枪、放巨炮，但"火未及用，刃已加颈"，八旗军又以优势控制了战局，正在酣战之际，"马林恐，遂提部下兵，避其锋以去"，溜之大吉了。潘宗颜部于马林逃跑后仍坚守斐芬山，他将战车放置阵前，左右布列枪炮，当后金兵来攻时，双方以枪炮刀箭对攻，又由于明军居高临下，造成八旗兵"死者枕藉"的失利，不过马林兵溃散后，后金各军厚集而来，将斐芬山重重围起，使明军四面受敌，潘宗颜最后中矢身亡，其部下官兵也被八旗杀得一个不留，全部壮烈牺牲了。

明朝西、北两路大军，从二月二十九日夜到三月初三日中午，全部被后金击败，而损兵折将的情形非常严重。原先叶赫也有军队要来参战，但态度消极，到杜松、马林两军大败后，杨镐下令叫他们速回本寨，加强防守。

东路军的主将刘綎素以忠勇著称，他此次应召领兵实在出于爱国忠君的一片赤诚。可是遇到很多阻挠与不快，令他颇为气短。例如他原想召募一批四川、贵州一带的悍勇军士，由他出些战具赴前方的，但杨镐不同意而迫他急速来辽东集合。他认为二月发兵正是严冬不利行军，应改在四五月间开始征伐为宜，杨镐也不予理会。杨镐又命他担任山峻林密、冰天雪地、道路曲狭、军难成列的东路主将，是有心对他为难。同时又派出小官一名随营执红旗督战，使刘綎甚感悲愤与不满。而朝鲜军队本来随征的，但无心作战，军粮不济，一路拖延，更增加了东路军的作战困难。努尔哈齐全力对付西北两路大军，在东路他只在沿途命人砍伐巨木设障，多处设数十人至数百人的小股伏兵，以争取时效，延误明军行期。三月初二日，刘綎大军行至离牛毛寨六十里的浑河地区，完全不知杜松与马林二军的惨败消息。在进兵深河时途中又遇伏，延误了行军时间，初三日刘綎误信朝鲜都元帅姜弘立的联络内应的谣言，停兵不进。初四日努尔哈齐已回兵都城，并利用缴获的杜松兵令箭，派人诈称杜松已大获全胜如期到达了赫图阿拉，促刘綎加速进军。刘綎中计，被后金兵诱入了地形复杂，并经努尔哈齐设计的包围地带阿布达里冈。后金兵从山区四面凭险围攻，明军寡不敌众，后金贝勒皇太极等漫山冲杀，刘綎及其养子刘招孙力竭战死牺牲。

刘綎死后，东路军尚有数千名浙江兵卒屯驻山区，"胡兵百骑驰突而上，浙兵溃散，须臾间厮杀无余，目睹之惨，不可胜言"。这是在场朝鲜人的亲见记录。

至于朝鲜参战的兵将，一部分在刘綎营中随征的也都被后金兵杀光了，另一部分由姜弘立率领的约有三四千人，最后不战而降，可能与姜弘立事先与后金"通款"联络有关，此事将在后面详述。

明朝四路大军中最特别的是南路李如柏的一军。他三月初一日出鸦鹘关，本来这一路离赫图阿拉最近，沿途又平坦无险，可是他在师期已过的三月初三日仍观望不前。初三、初四两日正是刘綎东路军存亡的关键时刻，他却按兵不动，直到刘綎败死，杨镐急令李如柏撤兵，他又平安地回师了。李如柏是李成梁的儿子，战后不少御史弹劾他失职，甚至说他通敌，认为他与努尔哈齐家族有姻亲的"香火情"。当时民间也有"奴酋女婿作镇守，未知辽东落谁手"的歌谣。李如柏后来入大牢自裁死，才稍微平息时人的一点愤恨。

萨尔浒大战就这样结束了，明军在这场战争中死难的将官有三百多人，兵士被杀的为数至少在四万五千人以上。后金兵获得了大胜利，后代清朝史官写记这场大战时说：五天之内，以少胜多，"自古克敌制胜，未有如斯之神者也"，而更重要者，这场大战有着深远的意义与影响，正如乾隆皇帝说的：萨尔浒之役，使得"明之国势益削，我之武烈益扬，遂乃克辽东，取沈阳，王基开，帝业定"了。

二十八
萨尔浒山战役胜败原因

萨尔浒山一战明军惨败，后金大胜，其中原因可能很多，但以下几点应该是最重要的：

第一，政治方面：朝政的好坏直接影响到军事，更涉及到国家的兴亡，萨尔浒大战时，明朝已是腐败不堪，后金朝政则在新兴初期，极有朝气。明朝工科给事中说明廷忧患不在努尔哈齐之强大，而在"萧墙之内也"，可见有远见的人已经看出问题所在了。浙江道御史杨鹤在战后更忍不住痛陈萨尔浒一役的失败原因，他说：

> 辽事之失，不料彼此，丧师辱国，误在经略。不谙机宜，马上催战，误在辅臣。调度不闻，束手无策，误在枢部。至尊优柔不断，又至尊自误。

他连皇帝都指摘了，胆量可谓不小。事实上，万历皇帝实在要负最大责任，他多年不视朝政，一切因循苟安，尤其在这次大战前夕，误用杨镐为辽东经略，根本就伏下了日后战败的最大原因。杨镐早年参加援助朝鲜的战役，已经是以常败闻名了。他不但"威令不行，赏罚不信，昵私交而轻南将，则豪杰灰心"，"昵私交"是指他与李成梁另一子李如梅在朝鲜结好，"轻南将"则是猜隙刘綎等南方将士。当时在朝鲜蔚山一战，致胜已成定局，但他听了李如梅使令，不让南将立功，以致转胜为败。二十年后万历帝竟仍用杨镐做总统帅，以刘綎为其属下一员主将，如此安排怎能令军中和谐，阵前不生是非呢？万历帝在辽东边事告急，大臣决议军政奏疏堆积如山时，他仍不肯上朝。不少朝臣抱怨皇帝置天下于不顾，也有人责骂他"利令智昏"。皇帝仍深居宫中，日以饮酒作乐。大臣与武官也多上行下效，不以国事为念，遇事互相推诿，而且徇私贪贿。明朝政局如此，如何能与父子君臣同心合力的后金政权相比？

第二，军事方面：萨尔浒山大战时双方动员的兵力据杨镐对外声称四十七万，那是虚张声势的数字，依照四路大军的实际成军人数看，明军总数约在八万多人，加上朝鲜兵一万三千人、叶赫数千人，加起来的总和约为十万之谱。后金的兵力七八万人，所以明兵在人数实力上并不占绝对优势。然而人数明兵虽较后金为多，但兵士是由各地征集，仓促赴辽成军的。而且新军中有不少人"伏地哀号，不愿出关"，甚至也有将领像佟国祚在援辽途中"只身轻骑逃脱"投降后金的，不像努尔哈齐的部下纪律严明，有进无退地去作战。明军的器械老旧钝朽，虽有先进火器足以克敌制胜，但若干武器兵士还不会使用，因而还调来朝鲜铳手四百人训练明兵放炮，或亲身参与战役。在三处战役中，常见枪炮手不熟练又惊慌，不待火药点火，八旗兵便"矢刃交加，往往以火器予敌"。明军的粮饷更是问题，主要是国库空虚，即使向人民拼命搜刮，也难以凑齐。四路丧师之后，有人骂杨镐这一战耗费军储三百多万两，竭尽了四海人民脂膏，也损失九边精锐。萨尔浒大战失败，明朝最大的败因在将帅不和方面。杜松与刘綎都想争首功，马林又与杜松互妒，潘宗颜不满马林的懦怯，刘綎对杨镐怨恨，在在透现了明军主将间的不和。特别是刘綎与杨镐间的新仇旧恨，连朝鲜人都听到刘綎的怨言，刘綎在征途上对朝鲜元帅姜弘立说：

……杨爷自前与俺不相好，必要致死。俺亦受国深恩，以死自许。……兵家胜筹，惟在得天气、得地利、顺人心而已。天气尚寒，不可谓得天时也。道路泥泞，不可谓得地利也。而俺不得主柄，奈何！

　　姜弘立说刘綎讲这番话时，"颇有不悦之色"。杨镐在明末诸将中，确实是位"轻率寡谋"、才气平庸之辈。尤其他对李如柏又"昵私交"了，对南路军出师消极、逗留、观望，未见有任何处分，而西北两军丧师后他又令李如柏安全撤军，事后还向朝廷报告并赞扬李如柏"遵奉回师"，对杜松则大加批判，说犯了"先期竞进"、"谏之不听"、"队伍错乱"、"赚入敌伏"、"轻骑深入"、"背水而战"六大缺失。明廷让杨镐这样的人主持如此重要的军事大行动，实在失策，焉有不败之理？

　　杨镐这次的用兵策略也是值得商榷的。分路进兵，合围进剿是一种战略，而且是有明以来一向征剿女真的传统战术。在明宪宗成化年间两度用兵建州女真，每次都获得胜利。不过，萨尔浒山大战时，努尔哈齐已不是早年的李满住、王杲等人的时代了，他已建立了汗国，编制了八旗军，女真人也已在满洲共同体下团结了，加上骑兵多、装备好，又富机动力，这种战略战术是不是还能奏效？当然明军如果配合得当，准时合围后金都城赫图阿拉，以明军强大先进火器，努尔哈齐是可能遭到战败命运的。

　　杨镐要求各军"合探会哨，声息相闻，脉络相通"，在通信不发达的当时，在严寒冰雪的山区，如何取得联系？尤其杜松与刘綎两军，一西一东，相距二百七十多里，如何穿过敌人心脏地区彼此相闻相通？另外规定四路军于三月初二日在二道关地方会师，据《盛京通志》记载，二道关在赫图阿拉城西的五十里处，努尔哈齐与他的大军如何能让明朝军队在此会师，然后容你包抄合围等死？所以杨镐的战略实际上犯了主观的错误，而各路主将也犯了轻敌的错误，战败是必然的。再说明将各人自以为是，并不同心，杜松孤军冒进，马林畏缩不前，李如柏逗留观望，刘綎含怨上阵，造成各军分而不合，正中了努尔哈齐的计谋，集中优势兵力，一路出击，各个击破。

第三，财政方面：明朝末年，皇家挥霍无度，国库十分空虚，而文武大臣请求万历帝拨内帑助军用时，他总是吝鄙不堪。最后只有向人民加税一途，因而民怨也日益加深。为发动萨尔浒战役，各地官员都叫苦连天，三百万军饷筹措极为困难，到战败消息传到京城，大臣们痛斥杨镐耗费军储三百万，把军费看得比人命还重要。四路丧师之后，朝廷中有不少主张重整旗鼓，再申天讨去消灭后金。但在朝廷所召开的会议上，因财源无着，众臣苟且支吾，到日中还想不出筹措办法，日暮时大家只好罢议。有人提出募兵十万至十八万的计划，并决定叩头于文华门前，请皇上发内帑。大臣们的预算每年需银至少三百万两，皇帝最后只肯出四十万两，并对大臣降谕说：内库实在也匮乏缺银，可见明朝内宫外廷都已财力耗尽。后来还是由加赋取饷，以应付辽东战事，民间抱怨与社会危机也都因而加大加深了。后金则因制度不同，出兵是增加各兵各将的财富，所以政府不需给饷，而战斗员个个全力全心参战，战争胜败从这里也可以看出一些端倪来的。

此外，努尔哈齐又"最工间谍"，他派人扮成小商小贩、游食、僧道以及百工技艺等，到明人各种场合打听军、政有关情形。《明实录》里也说："我师进剿，出揭发抄，略无秘密，以致逆奴预知。"努尔哈齐知道兵分四路、出师时间、兵员人数等等消息，然后作部署。他又占了辽东地形了解与耐寒作战等优势，对战胜明军是有绝对帮助的。

努尔哈齐指挥下的八旗军在萨尔浒山下打败了明朝大军，也改变了双方的主客地位与未来命运。从此明朝在辽东只采守势，只有退却，而逐渐步上灭亡之途了。

明金萨尔浒山之役有朝鲜军队一万多人参加东路军，在主将刘綎节制下，进攻后金都城赫图阿拉。这些朝鲜人中，有一位深受中国儒学影响的"老书生"，名叫李民寏，他后来随元帅姜弘立一同投降了后金，更幸运的是在被拘留一年多之后，他被释放回国，他把参战前后包括在后金拘留期间的亲身见闻，扼要地写了一篇《栅中日录》，文中谈了不少大战期间的事，其中很能透露东路军大败的原因，现在我摘录并略加解析一些文字，供大家参考。

第一，朝鲜军队粮食补给不济的问题：朝鲜军队虽然被明廷"逼"得出兵，但军粮迟迟不能运送军前，甚至有向明军主将刘綎借粮食用之事。李民寏在《栅中日录》里也常常写记军粮不来的事，如：

万历四十七年正月初九日记："马无所食，粮无所继。"同年二月十八日记："屡次催促（军粮），而终不至。"同年二月二十六日记："元帅（指姜弘立）往见（刘綎），言运粮未到，欲留等待。"第二天又记："时三营赍粮垂尽，而运粮未到。"同年三月初一日（大战已开始时），李民寏本人写信给户部长官再催粮，文中有"粮饷之运，才数十石，三军绝食，今已屡日"，他希望主粮政的大官，快送粮来，"以济饥卒，千万幸甚"。

由此可见：朝鲜军确实因缺军粮而行军迟缓，甚至"欲留等待"，不上前线。更值得我们注意的是三月初一日粮政官金峻德来到了元帅姜弘立大营，问他军粮问题，他只回答"不久当到"。李民宬都气得向大元帅说金峻德"罪不可恕，请枭首示各营，以慰饥卒之心"；姜弘立则回答"今姑饶贷，速令回去运粮而来"。

朝鲜军中缺粮应是事实，这也是大军时而逗留不前的原因。但是朝鲜政府既已出兵助明，不可能不备粮饷，而粮政官到前线也只说"不久当到"的轻松话，大元帅姜弘立也不予处分，并"今姑饶贷"地放他去运粮，这一切是不是不合常理？

第二，姜弘立对大战的态度问题：朝鲜国王接到明廷的指令后，在万历四十六年（战争前一年）的七月间便任命刑曹参判姜弘立为都元帅，带兵助明攻打后金。当时"人心不测"、"飞语汹汹"，李民宬说"姜再辞元帅之命，不允，催促发行"，可见姜弘立当初无意担任元帅一职，曾经一再请辞，最后是国王"不允"，而后"催促发行"的。姜弘立大军于同年八月出师，九月到平壤，十月抵昌城，进驻后一直没有再前进。第二年正月，后金兵因攻打叶赫，辽东经略杨镐命刘綎急召朝鲜前往声援。姜弘立只"令副元帅率三营往亮（凉）马佃（甸）"，后来四路大军出发，刘綎也率兵到了昌城，他对姜弘立不遵令亲自带兵到亮马佃之事，仍对姜弘立不满，对他说："将来举事，元帅不可退在云。"姜弘立被警告后，又向国王乞求免官罢职，"朝廷不许，谕以军中进退，一从提督（指刘綎）之令"。姜弘立无奈，只得随兵征讨后金。

除了态度极其消极之外，姜弘立还在大战发生的前一天，即阴历二月二十九日，向刘綎报告有些投降后金的"藩胡"与朝鲜关系很好，可以说服他们为内应。刘綎不知实情，信以为真，乃派朝鲜通事何瑞国等人去联络，事实上朝鲜使者到后金是有其他目的的。刘綎的这一错误决定，不但延误了行军时程，而且也把主动合击战略变为待变再出击了，姜弘立的这一骗局实在害了明朝匪浅。三月初四日，刘綎等人已在沙场战死，姜弘立的朝鲜兵也被围困在山丘上，朝鲜军中有个"别将黄彰德……先自退走，来到营中，潜鼓邪说，以摇军情。元帅怒欲施军律而止"。李民寏还记录了当天另一件事，他说在"贼骑奔驰，围迫中营者漫山蔽野"时，这位讲理学的"老书生"还向姜弘立乞一令箭去"巡督阵上"，姜弘立对他说："事已至此，勿用军令以骇军心。"姜弘立不愿参战以及尽量保持实力的心意可谓毕宣纸上。不久之后，姜弘立等就率领部下数千人投降了后金。

第三，朝鲜军投降后金的真相问题：李民寏在《栅中日录》里谈到朝鲜军队投降后金的事，而且着墨很多。据他的说法：在缺粮被围的情况下，姜弘立等元帅"取火药柜置之前，欲自焚"。正巧这时来了一个兵士通报后金兵派人来找通事，想谈"和解之事"，正副元帅商议结果，认为"万一交解而退，则三四千军卒之命可以生活，目前边上冲突之虞，可以少纾矣"。于是先由副元帅金景瑞出面与努尔哈齐长子大贝勒代善见面，双方都认为"两国无怨，当各解兵，指天为誓"。就如此达成和议，朝鲜兵听到和解消息，个个"喜跃无复部伍"。

不过，后金以老满文记载的档册里，则有稍微不同的记述。《满文老档》中说：后金兵将刘綎部下杀戮殆尽后，被困在山上的朝鲜兵"甚恐，乃议曰：再战何益，战则死，降则生，可请投降"，朝鲜兵遂偃其旗纛，遣一人执旗来曰："此次来战，非我朝鲜所愿。……我朝鲜兵在明兵营者，尔已尽杀之。我带之一营兵，尽系朝鲜人，营中惟有明游击一员及其随从之兵。倘收养我，则执明游击及其随员以献之。"大贝勒代善与诸弟、大臣商定招降，金景瑞便于当晚往见大贝勒，第二天姜弘立率大军全部投降了。

以上两书记事最大不同处是：后金认为朝鲜人见到明兵被全部杀戮而心生恐惧主动投降的，李民寏则说是后金先派人来劝朝鲜官兵谈和的。两书的作者可能都因为各有立场而写下了不同的说法；不过，朝鲜的官书

《光海君日记》却有一条记事应是可以采信的，光海君十一年（明万历四十七年，后金天命四年）十一月初四日乙卯记：

> 姜弘立等书职名状启略云：臣至背东关岭，先遣胡译河瑞国密通于虏云：虽被上国催驱至此，常在阵后，不为接战计；顷战败之后，得以款好。若速成和议，则臣等可以出归云云。先是，王密令会宁府来市商胡通报此举，商胡未返而瑞国先入奴穴，奴酋疑而囚之，既而会宁报至，遂释瑞国，仍使招纳弘立，弘立之降，概其素定之计也。

可见姜弘立早就与后金"密通"，而投降是他的"素定之计"。姜弘立后来到赫图阿拉会见努尔哈齐时，受到"阶东设两交椅，加红毡，而请交两帅"的优待。其后又被"五日小宴，十日大宴待之"，甚至还有送"女妓"给姜弘立的事，这些礼遇事实正可以说明姜弘立早已与后金有了联络，投降后才会有如此优渥与尊重待遇的。

姜弘立何以敢如此妄为，在阵前投降而公然向国王报告呢？原来在他与刘綎会师尚未作战之时，国王给了他两道谕令，一道说：

> 我国军民往见一虏而还，伊贼（指后金）必知我军已入其境，此后羁縻之路永绝，而挑怨之祸必深矣！……一体措施，卿其各别申饬待变，致免虏骑乘虚反噬之患。

另一道谕令更直截了当地说：

> ……毋徒一从天将之言，而惟以自立于不败之地为务。

从这些谕令中可以看出朝鲜国王非常恐惧后金南下侵扰，他不但要姜弘立"待变"以处理"一体措施"，同时也令他不必全听天将刘綎的话，而要以"立于不败之地为务"。姜弘立不急着催粮，不罚粮政官员，逗留观望，无意参战，甚至编造"藩胡"可做内应等谣言，件件都是配合国王旨意做的。

刘綎的东路军依仗这样的"友军"来作战，大败是早已注定的事了。

三十
取开原、克铁岭

　　萨尔浒山大战后，努尔哈齐怕明军重整旗鼓，前来讨伐，便下令在明军可能来攻的地区凭险设防，直到四十多天后，见明军未来，也可能得到京城中明廷因军费无着而无法重组大军的消息，他才撤兵回都城，欣赏堆积如八座山似的战利品。

　　据明朝官员的估计，明军在战争中丧失的武器占明朝武器库总量的十分之六七，火器一万三千一百五十多具，战马损失四万八千六百多匹，战车一百多辆，盔甲无数。努尔哈齐得到了如此多的战争物资装备，又从东海野人女真处收编了大量降户，加上从抚顺李永芳投降以来收留的明朝军民，都编入了八旗，增加了不少作战与生产的人力。从一个角度看，明朝在战后，虽然也有大臣建议重编大军，雪耻报复，但军费不足，而将领与兵丁也无法征集，因而作罢。京城里一片混乱，富家大族纷纷想逃离避难，军心也涣散不堪，"人人要逃，营营要逃"。大学士们请皇帝上朝问政，商讨"御虏方略，庶几天威一震"，并上疏严重地指出当时实情：

　　军气日益灰沮，人心日益惊惶，开原商贾士民逃窜几半，宽、瑷城堡奔溃一空，辽之为辽真岌岌乎有不可保之势矣！

万历皇帝对这样的奏章还是留中不处理，不久之后，努尔哈齐便挥兵进攻开原城了。

开原与辽阳、铁岭是明代辽东三大中心要镇，此处西接蒙古、东邻后金、北界叶赫，是明代与蒙古、女真经济文化交流的重要场所，后金若要向南方发展，开原是非要取得不可的。

在萨尔浒山大战结束两个月后，万历四十七年（天命四年，公元1619年）六月初十日，努尔哈齐亲率大军四万人往征开原。他为了制造假象，以一小股兵直奔沈阳，作为疑兵，实际上他将大队人马开进靖安堡，于十六日突抵开原城。

开原是座古城，当时摄道台的长官是"赃私巨万，天日为昏"的大贪官郑之范，守城总兵官则是从萨尔浒山大战中阵前脱逃的马林。马林这次以为联络好了喀尔喀蒙古等部为联盟，共同抵御后金，所以在城中也没有特意设防，他没有想到蒙古人只是与他假意周旋，骗取财帛而已，所以当后金兵进攻开原城时，向南、西、北三门布战车，竖云梯，登城冲杀，而在东门的争夺战中，后金早派去的"谍工""开门内应"，顺利进城。马林等守将战死，郑之范先逃，后被捕入狱死亡。当过明朝辽东经略的王在晋说：

> 开原未破而奸细先潜伏于城中，无亡矢遗镞之费，而成摧城
> 陷阵之功，奴盖斗智而非斗力也。

努尔哈齐就这样攻取了开原。

明朝辽东总兵官李如桢，又是李成梁的儿子，他本不堪重任，在萨尔浒山战后，李如柏已入狱死亡，为了得辽人心，朝廷便起用了这位辽人。当开原被攻时，李如桢率兵到了十方寺堡，借口天雨，不去增援。八旗兵

陷开原之后，他又不乘间攻袭，让努尔哈齐在开原城中从容地搜取人畜财物。明朝人说：

> （开原）城大而民富、物力颇饶，（努尔哈齐）今住城中，
> 用我牛马、车辆，搬运金钱、财富，数日未尽，何止数百万？

《满文老档》中则记述：将开原城中所掠获的财宝、金银、布匹、粮食等，用马骡驮载，牛车装运，竟运了三天三夜。然后放火焚烧了开原城中的衙门、房舍、仓廪、楼台等，班师界藩论功行赏。

开原城中居民约有十万，除部分先逃出者外，大多数留下的都赴难了，朝鲜《光海君日记》说：

> 开原城中多节义之人，兵才及城，人争缢死，屋无虚梁，木
> 无空枝，至有一家全节，五六岁儿亦有缢焉者。

李民寏《栅中日录》也记：

> 陷开原，屠杀人民无虑六七万口，子女财帛之抢来者，连络
> 五六日。

这些血淋淋的文字写实，都足以说明当时人民受难的惨烈。

后金兵攻克开原后，明军丧胆，从鸭绿江东南起到西北一带城市，如永奠、新奠、大奠、叆阳、孤山、碱场、一堵墙、晒马店、散羊峪、马根单、东州、会安、三岔、抚安、柴河、靖安、威远、镇北等几十处镇堡，全为后金所得，在辽河东岸，明军只能驻守沈阳、辽阳与铁岭三座孤城了。

同年七月二十五日，后金兵直薄铁岭城下。事实上，努尔哈齐在采取

军事行动之前，已经用重金收买了城中的明朝将官做内应，所以当八旗兵进攻铁岭城时，努尔哈齐轻松地坐在城东南的一座小山上指挥军队攻城，在双方交战不久，互有死伤时，被收买的"参将丁碧开门迎敌"，引导八旗兵进城，铁岭又被后金取得了。李如桢始终没有带兵来援救他自己老家住城，只在铁岭陷落后于城外纵兵割走战死兵丁的首级一百七十九颗，回去作冒功之用。李如桢是李成梁的第三子，由父荫为指挥使，并在锦衣卫里做过事，后来他被人以不解铁岭之围弹劾，下狱论死，不过到崇祯时又改判为充军罪免死了。

铁岭是李成梁的世居故乡，东门外有他们的别墅群区，"台榭之胜，甲于一时"。直到万历初年，有人还描写"城中皆官弁第宅，……附廓十余里，编户鳞次"。"城中妓女者至二千余人"，每晚"夹道皆弦管声"，显然是当时的一座繁华城市。不过经此一战，城中居民死亡殆尽，屋舍多被焚毁；直到康熙年间，还有人说在铁岭城内，"崛土数寸，即有刀镞、甲胄、髑髅诸物，处处皆然"，可想见当年残破情景。

开原、铁岭相继陷落，明廷将杨镐逮京问罪，改派熊廷弼来经略辽东。熊廷弼临危授命，知难而进，实属难能可贵，但辽东问题他真能回天有术吗？

三十

取开原、克铁岭

三十一
努尔哈齐与熊廷弼对峙

后金大败明军于萨尔浒山之后，不到半年又攻克了开原、铁岭两座大城，真有破竹之势。明朝君臣十分惊恐，京师人民更是纷乱一团，有人描述当时的情况说：

> 河东士民谓辽必亡，纷纷夺门而逃也。文武官谓辽必亡，私备马匹为走计也。……关内谓辽必亡，且留自备而不肯转饷也。通国谓辽必亡，不欲发军器火药，而恐则为寇资也。大小衙门谓辽必亡，恐敌遂至京师，而昼夜搬家眷以移也。……

在此紧要关头，明廷任命了熊廷弼为辽东经略，代替不称职的杨镐，希望给辽事带来转机。

熊廷弼是武昌人，曾任御史，刚直不阿，官声很好。他曾为辽东巡抚赵楫与总兵官李成梁放弃宽奠六堡八百里土地给建州而上疏进行弹劾，他的不事姑息、不畏强权的精神早为人钦佩。

熊廷弼于天命四年六月授命，八月初到海州接任，随即入辽阳，开始他的挽救辽东危亡重任。他原想以"复开原以保全辽"为目标的，但刚上任开原与铁岭已陷落，所以他只好聚结大军，固守辽阳，阻止后金兵西进，先做稳定局势的工作，再做进一步的恢复大计。

努尔哈齐了解熊廷弼有胆知兵，又传闻明廷与朝鲜将联合大军来报仇雪耻，因此与诸贝勒、大臣们集合，商讨未来军事计划，据说当时与会者"或曰当先辽阳，倾其根本；或曰当先沈阳，溃其藩篱；或曰当先北关，去其内患"，努尔哈齐最后决定"先取北关，免我内顾；将来好用全力去攻辽、沈"。努尔哈齐将进攻辽阳、沈阳的军事行动延后了，当然也给了熊廷弼筹辽作计划有了更多的时间。可是辽东的情况实在很糟，巡视辽东的官员都为熊廷弼叫苦，比喻辽东"危如一病者势奄奄未绝，……而秉家政漫视之，求药不应，呼粥糜不应，如必欲杀之而后已"。熊廷弼当时在辽东不但兵员缺少、兵饷又不足，真像一个无药品、无食物的垂死之人。所幸熊廷弼勇于任事、实心办事，他先激励士气，招集流亡，兴屯垦，植粮谷，以恢复地方元气与军民信心。同时他又浚城濠，修城垣，整顿军器，增强防守与进攻的军事力量。更难得的，他不怕危险亲身巡视各地战堡，不讲人情关系来整肃军纪。因此经过他一年多的艰苦经营，辽东确实有了新面貌。民心安定了不少，军容壮盛了很多。尤其熊廷弼个人的清苦生活，与众将士同甘共苦，更令众军感动，大家愿意与他誓盟，决心同舟共济。他的努力终于得到了回报，原本只想固守辽阳，南顾北窥，"步步为营，渐进渐逼"后金，一时竟变成坚守沈阳，北窥开原、铁岭，东逼后金边界的有利形势了。可以说从熊廷弼上任，到万历四十八年四月的十个月间，熊廷弼在斗智方面胜过了努尔哈齐。

努尔哈齐也因此修正了对明策略。第一，他在万历四十八年四月先向明朝提出以辽河为两国疆界条件，作为消除"七大恨"的补偿代价。他甚至指明从辽东的海兰到太子河，包括辽阳、沈阳在内的辽河以东地区属于他的领土范围。另外在同年五月间又为了争取民心，以后金国汗的名义，贴出榜文，招降辽东将官以及各城堡的军民，榜文中说：明朝官民应归顺后金，可以保全家室；如果不肯投顺来归，纵使走到山海关以西，后金兵也会随后赶到。同时榜文里还提到宋朝徽、钦二宗的旧事，作为教训，规劝大家不要失去良机。但是辽东地区在熊廷弼的建设恢复下，努尔哈齐的这些策略根本不能收到效果。努尔哈齐无奈，终于进行试探性的军事行动了。首先在六月间，努尔哈齐率八旗兵"共二万余，分为二股，一股自抚顺关进境，总兵贺世贤御之；一股从东州地方直抵奉集堡、总兵柴国柱御之"。努尔哈齐亲率的抚顺路军攻袭了大小村堡四十多所，直到距离沈阳城五里处才停止前进。明军除坚守沈阳城之外，总兵官贺世贤的援军赶来与后金兵战于沈阳城东二十里处的浑河沿岸，另一支由总兵官柴国柱率领的明兵，则与八旗兵战于沈阳城三十里外的小夹山。努尔哈齐原想试探明兵实力，并借此次行动抢掠粮食的，没有大战的准备，没有想到被明朝两股援军包抄，而且沈阳城里的大军也跟着开门参战，努尔哈齐见形势不利，便下令退却。八月间，努尔哈齐又率领诸王大臣发兵围懿河、蒲河，大军直逼沈阳，熊廷弼这次亲自出马，领兵前往救援，明兵士气大振，逼得后金兵退屯灰山，后又撤回界藩。努尔哈齐因行师不利，怪罪领兵将官，将十多人捆绑处分，连五大臣之一的额亦都也自缚请罪。九月，后金兵又来懿河一带抢粮，仅掠劫了一些人口与粮食而回，但兵士也被贺世贤部砍杀了八十九人。总之，在这一段期间，由于熊廷弼的严守边防，激励民心士气，使得后金不敢贸然从事大规模军事行动，多是一些小胜小败的战争，当时人称赞熊廷弼说："熊公在辽言辽，明了畅快，一一指掌而尺寸无差。"

然而就在这样好转的情势下，明朝政府内部却发生了可怕的变化。万历四十八年七月明神宗病逝，九月继承大位为君的光宗在登基后一个月又归天，接着由熹宗嗣位，开始七年多的明末最黑暗的天启朝岁月。而熹宗继位之初，朝廷里不知有多少大臣都卷入"梃击"、"红丸"、"移宫"三大政争之中，不久太监魏忠贤又乘机擅专，结成了势力庞大的邪恶阉党集团，排斥异己，互相倾轧。熊廷弼虽有边防功劳，但他的耿介正直、不趋附、不逢迎的个性，颇为阉党人士所不喜，结果阉党便以"师老匮财"，不能"斩贼擒王"、"为虏所笑"等等罪名，硬给熊廷弼解除了辽东经略的官位，而且命他"回籍听勘"，等待处分。

熊廷弼虽上疏抗辩，说"今朝堂议论，全不知兵"，并强调"自有辽事以来，用武将、用文吏，何非台省所建白，何尝有一效？疆场事，当听疆场吏自为之"。但是毫无结果。他离职之前还写了一篇《交代疏》，更是令人感叹不已，以下是其中的片段文字，抄录下来请读者省思：

> ……去秋辽阳以北，弃城而逃；今自沈、奉以南，不但本城逃者复归，而开、铁、蒲河以南，不知日集几许？此交代之人民也。……去秋辽城止弱马兵四五千人，川兵万人，沈阳戍兵万余人。今援兵、募兵计十三万，各堡渐有屯集，各城渐有设防，此交代之兵马也。自去年八月起，今年九月终，止通共享银二百三十一万余两，米豆用一百余万石，不知"一年虚糜八百万"之语，是从何来？此交代之钱粮也。各色军器，除疏请内库，咨取各边不计外，打造过灭虏大炮，重二百斤以上者以数百计，百斤、七八十斤者以数百计，百子炮以千计，三眼铳、鸟枪以七千余计。其余盔甲……战车……等项，皆以数千万计，此交代之军械也。何一件非职大声疾呼，争口斗气所得来？何一事非废寝忘餐、吐血呕肝所干办？何一处非职身临脚到、口筹手划所亲授？一切地方极繁极难事体，有边才数年经营不定者，一年而当之，而为臣者亦难矣！

熊廷弼这些血泪交织的文字，映出了当年辽东历史悲剧的真实画面，也指陈了明末朝廷的弊政要害。阉党逼使熊廷弼罢职，无异是自坏了一座长城。

三十二
陷沈阳

　　明朝中央官员因党争而争权夺势，给熊廷弼加上不能大创敌兵、斩贼擒王等罪名，将他解任回家，另以袁应泰代替他为辽东经略。袁应泰不是个坏官，多年来，"历官精敏强毅"，曾经当过知县、参政等职，政绩颇佳。萨尔浒战后，以按察使治兵永平，对辽东地区"火药之需呼吸立应，经略熊廷弼深赖焉"。他后来做辽东巡抚，与熊廷弼在防辽工作上也配合得不错。可是他不懂得事军，因此，他经略辽东后不久就出了问题了。

　　熊廷弼在任的时候，前后募集了将近十三万大军，不过，除了各将领的家丁之外，精壮能战的并不多，这也是熊廷弼主张"渐逼渐进"策略的原因。袁应泰到职后，他改变了战略，他把兵员增加到了十八万，以八万人设防在抚顺方面，约四万人放在清河方面，又以二万人驻守宽甸、瑷阳一带，沈阳只以一万人驻防。从这样兵力部署来看，显然他是有收复抚顺、清河等失地的企图。

　　袁应泰如此改变熊廷弼的布置方略，可能与讨好当时朝中的当权派人士有关。因为大家批评熊廷弼不敢战，不能擒杀努尔哈齐，袁应泰于是有了新的积极的攻取政策。可是他没有作深一层的考虑，妄图伺机东进，攻打后金都城，而当时沈阳以北城市多成废墟，抚顺、清河路途远，接济难，一旦努尔哈齐长驱南下，回救沈阳至为困难。袁应泰采取这种冒进的战略，又无足够兵力可恃，胜利是极难的。熊廷弼为经略时，由于治军严正，部伍整肃，所以得罪了不少人。袁应泰怕言官讽责，作风较宽，军纪也因而不如以前了。另外，袁应泰又广收蒙古各部降人，把他们放在沈阳与辽阳二城之内，有的编入了队伍，有的则与百姓杂处。袁应泰以为收降是良策，可以利用蒙古人来抵抗后金，当时有人劝他蒙古人未必可信，说不定成为未来隐忧，他不加理会，结果不幸而言中，这批蒙古人成为努尔哈齐攻打沈阳的"内应"了。

袁应泰调兵遣将准备收复失土，努尔哈齐更是处心积虑地想取得沈阳、辽阳。天命五年（明泰昌元年，公元1620年）十月，后金从界藩迁移军政中心到萨尔浒，西向进取之意十分明显。第二年即明天启元年正月，努尔哈齐全军制造云梯等武器以及储备粮食的消息，已传到了沈阳等地。二月间，八旗兵即发动小规模的进攻奉集堡、虎皮驿等地，一则进行掠夺、一则试探明军攻守实力。而奉集堡与虎皮驿二地是沈阳的犄角前卫站，熊廷弼曾经说过：

> 沈之东南四十里为奉集堡，可犄角沈阳，奉集之西南三十里为虎皮驿，可犄角奉集，而奉集东北距抚顺、西南距辽阳各九十里，贼如窥辽阳，或入抚顺，或入马根单，皆经由此堡，亦可阻截也。不守奉集则沈阳孤，不守虎皮则奉集孤，三方鼎立。

奉集堡与虎皮驿的战略地位既是如此重要，当然是努尔哈齐首先要争取的目标了。二月十一日，八旗大军在努尔哈齐的指挥下，分八路直向奉集堡攻来，奉集堡监军副使高出率大军誓死守城，以优势火器威力，重创了后金兵。十六日，努尔哈齐派出小股兵力进攻虎皮驿；十八日又发兵扰犯王大人屯。这种"矢镞侦察"的战略，不但探清了明军的虚实，也弄得辽东边将不知所措，摸不清后金何时向何地进攻。

三月初十日，努尔哈齐突领八旗大军，水陆并进，直往沈阳，将"板木、云梯、战车，顺浑河而下"。十二日，后金兵驻扎在沈阳城东七里处的浑河北岸，明朝守军在夜间就得到消息，以灯火为号，加强防备。努尔哈齐以沈阳城坚不易攻取，乃驻军城外，设法引诱明兵出战。

沈阳城中当时由总兵官贺世贤率家丁千余人及募兵、降兵共约六万人防守，加上副将尤世功的一万五千人，总兵力高达七八万人。由于熊廷弼已将沈阳城进行了整修，并在城外筑了围城以及深沟，并有战车与大炮装备，防守是极为坚固严密的。努尔哈齐在十三日早晨命绵甲兵用车楯攻击沈阳东门，不过目的仍在诱敌出战。他又令李永芳设法派人去送信给贺世贤，劝他投降献城，贺世贤大怒，杀了来使，并以为八旗兵怯弱，不敢来攻城，结果误了大事，明朝官书里记说：

> 世贤故嗜酒，次日取酒引满，率家丁千余，出城击奴，曰：
> 尽敌而返。奴以羸卒诈敌诱我，世贤乘锐轻进，奴精骑四合，世
> 贤且战且却，至沈阳西门，身已中四矢。

贺世贤急躁轻敌，导致兵败身死。副总兵官尤世功出西门前来营救，而部下士卒畏战，竟一哄而散，尤世功、参将夏国卿等人都先后战死，沈阳战局也变得岌岌可危了。

努尔哈齐一边以八旗兵围攻贺世贤、尤世功等军，另一边也指挥士卒全力进攻沈阳城。兵士们以毛毡裹身，推四轮战车前进，冒死攻打东门。明军虽在城上猛发火器，造成后金兵重大伤亡；但是贺世贤等死讯传到城中之后，军心民气大为减弱，投降的蒙古人果然如人所料，所谓"降夷复叛，吊桥绳断"，他们砍断了桥索，降下吊桥，八旗兵乃拥门而入，攻占了沈阳。

沈阳之战，贺世贤若能不出城浪战，凭借坚固的城防工事，以优势强

猛的火器打击来攻的八旗兵，等待援兵到来，内外夹攻，胜算不是没有的。可是贺世贤走错了一步，却使得包括他自己在内的辽东边将官员三十多人死难，而兵民被杀的据说高达七万人之多。

三十三
破辽阳

　　沈阳原是"城外浚濠，伐木为栅，埋伏火炮"的坚固大城，在努尔哈齐率兵前来初攻时，袁应泰在辽阳已命令各路援军来沈阳一同参战，如童仲揆、陈策所率领的川、浙兵自黄山赶来，虎皮驿的朱万良军、奉集堡的李秉诚军都往沈阳集结，努尔哈齐得知各路援兵纷纷到来，便急速发兵猛扑正在渡浑河的明朝部队，没有想到川兵很能作战，八旗兵中的白旗、黄旗兵先与明兵交锋，竟败阵下来，结果再命红旗兵会合参战，包围了明朝的川兵，双方展开激战。史料中记后金兵三进三退，死亡惨重。最后还是李永芳收买了沈阳降兵中的炮手，用明朝守城的大炮来轰川兵，并乘势以后金骑兵从旁夹攻，才将川兵击败，领兵官周敦吉、秦邦屏、吴文杰、雷安民等先后战死，残余川兵逃奔桥南的浙兵营中。沈阳附近的桥北之战至此结束。

　　当浙兵、川兵集合与后金兵对阵时，虎皮驿的朱万良军与奉集堡李秉诚军约四万人也赶到了沈阳市郊。努尔哈齐怕腹背受敌，先命大贝勒代善统兵包围桥南的浙兵，自己则率领皇太极等人的八旗兵迎战朱万良与李秉诚部，明兵畏战，结果被后金兵击败并追杀四十多里，死伤三千多人。努尔哈齐乃再回军与代善大军会合，全力攻打浙兵。

桥南的明军由童仲揆等率领，英勇不亚于川兵，因此战况比桥北更为激烈。当努尔哈齐大军猛攻时，浙兵营中大放火器，后金兵积尸相枕，坠马者便有三千多人。不过后来因火药用尽，短兵相接。八旗兵重重包围，轮番上阵，童仲揆、陈策等力战败死，浙兵也几乎全被歼灭。浑河南北岸的大战，明军虽败，但战况壮烈，明代当时史书里也作了评价，如《明熹宗实录》记：

> 自奴酋发难，我兵望风先逃，未闻有撄其锋者，独此战以万余人当虏数万，杀数千人，虽力屈而死，至今凛凛有生气。

努尔哈齐消灭了各路来援沈阳的明军，也为自己扫清了攻打辽阳道路上的一切障碍。

沈阳及浑河南北两岸大战结束后，努尔哈齐进入沈阳城，屯兵五天，论功行赏，将所获人畜财物分给八旗官兵。同时又因为此次战事相当惨烈，八旗兵也死亡了很多，为了安慰属下，稳定军心，努尔哈齐特别举行了一次祭奠典礼，把雅巴海、布哈、孙扎钦、巴颜、雅木布里、郎格、实尔泰、杜木布、达哈木布禄、旺格等有功将士，列名祭祀，以慰亡魂。

天命六年三月十八日，努尔哈齐在沈阳稍事休息整顿之后，便集合诸贝勒、大臣宣布：

> 沈阳已拔，敌兵大败，可率大兵，乘势长驱，以取辽阳。

辽阳是明朝辽东的首府，是当时东北地区政治、经济、军事、文化的中心。城池坚固，外有城濠，沿濠排列火器，环城又安放重炮，防守力量是非常强大的。袁应泰得悉沈阳失守消息后，便下令引太子河水注入城濠，缘城布兵，准备与后金兵作抵抗战。可是努尔哈齐又使用了一套心理战术，他率领八旗兵"旌旗蔽日，弥山亘野"直扑辽阳之时，突然命皇太极率一军监视沈阳周遭的明军，而自己领大军虽渡太子河有直趋辽阳之势，但前锋佯装有兵出山海关，直奔明朝首都北京模样。袁应泰没有意识到努尔哈齐的诈兵计谋，一心想到若山海关失守，京师危急，自己也难逃惧敌不出兵堵截的罪责，于是临时改变部署，抽调守城兵五万人到辽阳城外西方结营，以便阻击后金兵。此举正合努尔哈齐之安排，八旗兵立刻不往山海关方向，而转头回击袁应泰军。这又是一场野战，当然八旗军又大败了明军。十九日晚，努尔哈齐分兵为四营，进逼辽阳城，右翼四旗兵围攻东城，左翼四旗兵围攻西城，两军在辽阳小西门首先展开了夺城战。

三月二十日，袁应泰率亲军冲出东门，与后金兵厮杀，以牵制努尔哈齐攻城的兵力。八旗兵则连番猛攻，并不断增加精兵冲阵，明兵不支，袁应泰在火器掩护下，逃回城中，部下在野战中死亡与奔回护城河时溺毙的不少。袁应泰至此决心与巡按大臣张铨分守东西两门。

袁应泰退入城中之后，努尔哈齐即率左右翼八旗兵向辽阳城发动总攻势，明军在城上放火箭、掷火罐，隔濠射击，但后金兵奋死前进，前仆后继，锐不可当。傍晚，努尔哈齐命八旗兵竖云梯、列楯车，冒死登城，双方在城垛上发生肉搏大战。明军中虽有忠义之人，提灯夜战；但监司高出、牛维曜、胡嘉栋等人乘乱缒城而逃，引起守城军斗志的进一步涣散瓦解，这是三月二十一日的事了。

同日傍晚，辽阳城小西门火药起火，烧到了西城城上以及各军的营铺、军营草场，使西城守军溃乱失守。有人说这场火是诈降的蒙古人放的，也有可能。而最奇怪的是辽阳城内许多民家开门迎接后金兵，大张灯火，妇女盛装出迎，这是谈迁在他的《国榷》一书中说到的：

> 薄暮，丽谯火，贼已从小西门入，夷帜纷植矣，满城扰乱，守者皆鼠伏檐壁下，而民家多启扉张炬若有待，妇女亦盛饰迎门，或言辽阳巨族多通李永芳为内应，或言降夷教之也。

这大概是明朝在辽东的政策失误，经略常常换人，一般官吏贪婪，大失民心的结果吧！

袁应泰见城楼火起，知道大势已去，于是他就在镇远楼上，穿朝服，佩印剑，自缢死。分守道何廷魁携妻子投井身亡，监军崔儒秀也随着自缢殉职。巡按张铨不照袁应泰命令逃亡，决心与城共存亡，后被后金兵俘掳，努尔哈齐命李永芳、皇太极等人分批劝降，张铨始终不从，甚至还辱骂努尔哈齐，最后被缢死。

辽阳城被攻陷后，努尔哈齐一反常规，他不但没有下令掳掠一空，大烧房舍，反而对他的子侄与大臣们说："迁都于此！"决定攻城又治地了。因为他了解辽阳是西通蒙古、东联朝鲜的辽东首府，"若我兵还，辽阳必须固守，凡城堡之民，逃散于山谷者，俱遗之矣！弃所得之疆土而还国，必复烦征讨"。不过，他也没有住在攻克的辽阳旧城区，而命人另在太子河东建筑新城，命名东京，供努尔哈齐以及他的家族、大臣与八旗兵一同居住。旧城则由李永芳统领汉官驻守。

沈阳、辽阳在十天内被后金攻陷，也引起辽河以东其他地区版图的重整，从东边的镇江到西边的辽河沿岸，南至金州卫以北，北到开原以北各堡，在几天之内，"悉传檄而陷"。据清朝官书记："辽阳既下，其河东之三河、东胜、长静、长宁、长定、长安……等大小七十余城官民，俱剃发降。"

努尔哈齐的汗国疆界扩大了，辽河以东全是八旗大军的天下，后金国的发展，从此进入了新阶段。

三十四

轻取广宁

八旗兵占领辽阳之后，辽东人民四处逃散，有的奔向沿海岛屿，有的跑进山海关，还有人冒波涛之险、乘船逃到山东或进入朝鲜的，不少地区成了断绝烟火的荒废之城。京城北京的情形更是人心惶惶，君臣一体紧张，九门关闭，实行戒严。皇帝急召群臣会议，商讨对策。会中有少数人感叹说：熊廷弼有守辽之功，"其才识胆略有大过人者，使得安其位，而展其雄抱，当不致坏破若此"。皇帝最后决定再起用熊廷弼来收拾残局。

为了向熊廷弼有所交代，皇帝下令将当初弹劾熊廷弼的御史冯三元、张修德等人各予降级处分，而为人阴险、有意陷害熊廷弼的辽东阅边大臣姚宗文革职为民，送回老家。皇帝并向熊廷弼自悔地说：惟有你经略辽东一载，威慑边廷，力保辽东危城。后来因受他人诽谤，朝中大臣又未能及时剖析，以致令你丢官回籍。我不久后就很后悔。过去的事全都明白了，现在已经下令任用你了。熊廷弼在如此情况下终于又出山了。

熊廷弼这次再任辽东经略时，他对战局作了一番分析，他了解后金兵长于野战，短于攻坚，尤其缺乏水师，后方也并非十分安定等弱点，他向朝廷提出"三方布置策"。他认为这个战略可以四面牵制后金，目的在持久辽河西岸守势，固守广宁，确保山海关。按照他的部署是：广宁城以马步兵坚守，在三岔河到广宁一带则视形势扎营，深垒高栅，待敌来战，而各营为犄角。另外在海上各置舟师于天津、登州、蓬莱，以随时出击，袭扰后金辽东半岛的沿海地区，骚扰后金后方，动摇其人心。后金如果动员大军对付水师，则广宁等地马步兵乘势反攻，恢复辽阳，经略则常驻山海关"节制三方，以一事权"。明廷君臣当时很重视熊廷弼的此一策略，皇帝特赐他麒麟服一袭，并设郊宴饯行，出京之日，更授予尚方宝剑一把，可谓非常风光地让他出京赴任。

可是明廷又晋升了原为分守广宁的王化贞为辽东巡抚。王化贞不但"为人骄而愎，素不习兵，轻视大敌，好谩语"，同时他在朝廷里还有大学士叶向高与兵部尚书张鹤鸣等人为靠山，这些人又都属于阉党，在立场上就与熊廷弼不同，而且王化贞自己又有一套"一举荡平"后金的新策略，他自信以六万人进战，即能打垮后金，皇帝在"仲秋八月，可高枕而听捷音"。王化贞的主观乐观想法是有他个人依据的：第一，他手下有大军十三万人，兵力不可谓不强大。第二，他已成功说服了李永芳为内应，可以轻易地恢复辽阳失土。第三，蒙古林丹汗届时也会派兵四十万来增援参战，总兵力不会输于努尔哈齐。第四，他又依靠毛文龙在中韩边境集合兵力，以为声援，并扰乱后金的后方。如此四面八方的包围打击后金，"一举荡平"是可期的。他的军事部署方式是以重兵集结广宁，再沿三岔河设立大营，分守要害。在战略上与熊廷弼的主守兼攻的主旨不同。本来经略之权是大于巡抚的，但是兵部尚书袒护王化贞，所以他的"所奏请无不从"，而且张鹤鸣等还要他"无受廷弼节制"，因而产生了"经抚不和"局面，也给辽东注定了进一步失败的基因。

熊廷弼与王化贞之间意见相左，愈闹愈烈。熊廷弼只拥有经略虚名，而十三万大军指挥之权却在巡抚王化贞手里。王化贞曾几次联络蒙古兵渡辽河偷袭后金都未成功，事实已证明王化贞的徒托空言、不切实际的想法，可是中央枢阁重臣还是支持王化贞。熊廷弼在无奈之下，上疏要求皇帝"宜如抚臣约，亟罢臣"，决心以辞官与王化贞摊牌了。

经抚不和的事终于弄到朝野皆知，天启皇帝命令廷议经抚的去留，据明朝史料记载，这场关系重大的会议是在天启二年（天命七年，公元1622年）正月十二日召开的，当时魏忠贤的势力极大，与会的八十一位大臣中支持熊廷弼调王化贞职务的仅有一人，其余的多半支持王化贞。熊廷弼后来上疏给皇帝，沉痛地指出：

经抚不和，恃有言官；言官交攻，恃有枢部；枢部佐斗，恃有阁臣。今臣无望矣！

熊廷弼也真是不幸而言中，他从此走上死亡之途了。

在明廷大会决定王化贞留任后的第六天，即天启二年正月十八日，努尔哈齐亲率大兵向广宁进发，十九日宿牛庄西北的东昌堡，二十日渡辽河围西平堡。

明军得悉八旗兵渡河来攻，也作了备战布置，经略熊廷弼驻扎右屯卫，王化贞守广宁，大将刘渠统兵两万驻镇武堡，祁秉忠统兵一万守闾阳驿，罗一贵与黑云鹤等领兵三千驻守西平堡，每个城堡各自为守，坚壁不战，形势危急时互相支持。这个方案是经熊廷弼与王化贞妥协后制订的，大家如能照着行事，广宁当不至于迅速失守，内部叛将也未必能顺利得手，将空城献给努尔哈齐。

可是在这次大战的第一回合中，明军守将就犯了军规，违令出战了。当八旗兵重围西平堡时，副将黑云龙不听守将罗一贵的劝阻，率兵出城冲杀，结果被后金兵全部歼灭，简直就是沈阳大战时贺世贤出城野战悲剧的重演。

王化贞见黑云鹤战死，西平堡危在旦夕之时，下令刘渠率镇武兵，祁秉忠率闾阳兵，心腹骁将孙得功率广宁兵，驰援西平。努尔哈齐则分一半兵力围西平，另一半兵力迎击明朝前来的援军。在与明朝援军的野战中，孙得功的队伍故意先冲锋上阵，立即败退，八旗兵乃全力与刘渠、祁秉忠军大战，经过激烈战斗，明军溃败，刘渠与祁秉忠都战殁于沙岭。

打败援军之后，八旗兵火速集结向西平堡进攻。西平攻守战是惨烈异常的，《满文老档》里记西平一段事极为简略，可见后金方面损失严重，隐讳不谈了。而明朝方面的史书中则有如下的描写：

> 罗一贵将三千人守西平。……贼先攻西平，黑云龙出战而死。罗一贵固守不下，杀奴数千人。李永芳竖招降旗，阴遣人说一贵，一贵骂之曰：岂不知一贵是忠臣，肯作永芳降贼乎？……奴尽锐攻之，相持两昼夜，用火器杀贼，积尸与城墙平。会一贵流矢中目，不能战，外援不至，火药亦尽，一贵北向再拜曰：臣力竭矣！遂自刎，奴尽屠西平。

努尔哈齐攻克西平堡之后，特于二十二日举行庆功大会，杀八牛祭纛，随即挥兵直逼广宁。

明朝辽东大城沈阳、辽阳等相继失陷后，广宁成了重镇，辽东巡抚王化贞就驻扎此城，当三路援军先后大败的消息传到广宁，军士与人民都惊恐不安，王化贞督将士上城戍守也多不应。孙得功在战场上佯败之后即回返广宁，他是王化贞的心腹，因此就委以守城重任给他，可是他刚出巡抚衙门，"即发炮，堵城门，封银库，封火药"，显然无意作战，等待后金兵入城了。

王化贞对孙得功的作为全然无知，结果被一名忠于他的参将拉出衙署，以骆驼代马，仅以身免地逃出广宁。二十三日他在大凌河一带与熊廷弼相遇，狼狈不堪，向经略"叹诉辽人内溃，孙得功等谋献，几不得免之状"。熊廷弼在气恨之下，讥讽他说："六万众一举荡平，竟如何？"不过，经略后来还是对他"哀而慰之"，并以自带的五千兵给王化贞作殿后，护送溃散军民回山海关。

二十三日，孙得功派人到百里之外跪请努尔哈齐进驻广宁，努尔哈齐起先还以为有诈，派将官先行，第二天孙得功又率领投降官将、生员等，已剃发，抬桥、打鼓、吹喇叭、奏唢呐，出城三里，夹道跪迎，努尔哈齐这才光彩地、也极为轻易地进入了广宁城。

广宁从此成为后金的属地了！

三十五
明朝与后金的再度对峙

广宁失守的消息传到京城之后，朝廷再次惊震，百姓又大为恐慌，皇帝都亲临御门处理边务了。兵部尚书张鹤鸣为掩护自己过失，并为王化贞开脱，强调此次兵败是后金主动攻过辽河，主守政策仍然不能奏效，当然主守的熊廷弼就应该负责任了。同时他又为了转移注意力，向皇帝请求出关视师，下令逮捕王化贞，革熊廷弼职，回到家乡待审。又经过一段时间才任命王在晋为辽东经略，接替熊廷弼的职务。

王在晋对辽东局势非常悲观，他曾说：

> 东事一坏于清、抚，再坏于开、铁，三坏于辽、沈，四坏于广宁。初坏为危局，再坏为败局，三坏为残局，至于四坏则弃全辽而无局。退缩山海，再无可退。

所以用他来作辽东经略，根本上是有问题的。他又想用蒙古人与毛文龙的军队来牵制后金，以求自保，并要在长城附近的八里铺另筑新城，加强防卫，主张从关外撤退。明廷中央的阁臣孙承宗不以为然，他亲自到关外巡视，发现宁远城与觉华岛等地都是重镇，不能不守，他与王在晋恳谈了七天七夜，王在晋仍不为所动，坚持退守山海关的主张。孙承宗回到京城后把事实向皇帝呈报，不久即下诏召王在晋回京，结束了为期短暂的经略职位。王在晋在下台时还得意地说：自从辽东有事以来，守边大将不是战死成为沙场之鬼，活着的也都得罪为牢狱之囚，他是幸得全归了。王在晋在辽东的半年时间，除浪费国帑外，又浪费了极为宝贵的时间，因为努尔哈齐正好利用这段无明军反击压力期间，全力搬运新得土地上的粮食与财物回后方，充实力量。

孙承宗告垮了王在晋之后，自请督师，他到辽东，首先从事固守宁远与觉华岛的工作，他认为宁远与前屯卫地势险要，互相策应，城内屯聚重兵，足可扼制敌军，阻敌于山海关北边二百里之外，然后整兵屯粮，以待时机。他又在当时辽东边将中选择他心目中合意的人才，而被他看中的就是日后表现杰出的袁崇焕。

袁崇焕"少好谈兵，见人辄拜为同盟，肝肠颇热"，善骑艺，有胆识。广宁战争时他适逢大计在京，于是利用余暇单骑出关外巡视，回京之后，他对大家说："予我军马钱谷，我一人足守此。"在广宁失守的当时，他有此壮语，颇为京中官员注目。御史侯恂首先就上疏请皇帝"不妨破格留用"他到辽东军前服务，明廷在不久后便任命他为山东按察司佥事山海关监军。袁崇焕上任之初就上书朝廷要练兵选将、整械造船、固守山海、远图恢复。有人说袁崇焕赴任前曾去请教在京待审的熊廷弼，二人商酌竟日，"廷弼问：操何策以往？曰：主守而后战。廷弼跃然喜。"显然熊廷弼遇到了知音，感到"吾道不孤"，大为欣喜；不过，不久之后，阉党人中又诬陷熊廷弼侵盗军资，"积家资百万"，严厉追查，使得熊的姻亲家都被株连而破产，长子熊兆珪也自杀而死。熊廷弼本人则被定有"失辽西罪"处死，并暴尸不葬，传首九边，真令天下人冤之。

袁崇焕初到关外任所时，王在晋还是他的长官，两人因战守主张不同，时常发生意见相左之事。孙承宗很看中袁崇焕的建议，早就对他有了好印象，此次督师经略辽东，当然首先选拔了袁崇焕守宁远城。崇焕接命后便手订规则，亲自督责，军民合力，营建宁远。由于"崇焕勤职，誓与城存亡，又善抚，将士乐为尽力。由是商旅辐辏，流移骈集，远近望为乐土"。一度荒凉残破的宁远，变为明末抗敌的重镇了。

孙承宗与袁崇焕除了守战的大原则理念相同外，他们对于若干细节也看法一致，例如守为上策，用什么人来守呢？以前都是以客兵为主，即以来自秦、晋、川、湖、鲁、浙等地的兵来辽东作战，他们认为不妥，因为客兵各有家室子女，祖宗茔坟在原籍，无心专为边疆效命，而且粮草接济也难。所以应"以辽人守辽土，以辽土养辽人"，以本地人屯田守边才是万全上策。又如用蒙古来牵制后金的"以夷制夷"策略，也该有坚固的根据地才好，如果撤防宁远，坐守山海关，关外二百里地内，蒙古八部几十万人如何安插，不作妥善安插，蒙古人不但不能被利用，反而会发生变故，使边疆乱上加乱。

由于孙承宗等辛苦经营，在军制、营房、武器、马匹、储粮等等方面都得到了很大的改善。有人描写为"层层布置、节节安排，边亭有相望之旌旗，岛屿有相连之舸舰，分合俱备，水陆兼施"，辽东形势为之一变。

这些防守的大成就确实使努尔哈齐对孙承宗不敢轻视，他任听明朝边将在宁远等地大肆屯垦兴修城堡，而不见有任何军事行动来干扰明军的恢复计划。

努尔哈齐真是被孙承宗、袁崇焕等威名慑服住了吗？也不尽然，因为后金本身也有工作要做，甚至还有不少危机要解决，使得努尔哈齐无暇也无法兴兵再征明。努尔哈齐遇到的问题与困难约有：

第一，他取得广宁之后，又取得了大片土地与财富，就以粮食一端来说，明军在右屯卫一地就丢弃了军粮五十多万石，加上其他地方的军粮、民粮。努尔哈齐动员了八旗兵八万人，出动大轱辘牛车三千三百六十多辆，陆续将这批粮食战利品运往三岔河、牛庄、海州、辽阳等地，前后费时十个月之久。

第二，明朝驻在中韩边境上的毛文龙军，时常来骚扰，弄得后金民不得安居，兵不得久住。天启三年刘爱塔等南四卫守城官相继叛变归明，明将张盘又活动于金州、旅顺一带，造成地方动乱不安。由于这些事件，逼使努尔哈齐派人去与毛文龙讲和，他如何能专心对辽西用兵呢？"蛰伏三年"不用兵是有原因的。

第三，努尔哈齐自辽沈至广宁征服期间，辽东不但遭逢战乱，同时又遇到灾荒，到处缺粮，因而盗贼兴起。加上后金因征服众多汉人，进行大规模屠杀，又行剃头与农奴政策，使得汉人有生不如死的感受，因而产生大逃亡潮、武装反抗以及到处下毒报复等民族关系紧张事件。努尔哈齐虽克服了很多大城，取得了巨额财富；但是统治汉人一时困难重重，令他焦头烂额，他当然无法专事西征。

第四，后金汗国内部也发生主旗贝勒争权，甚至汗位继承争夺的事，这是影响后金统治中心稳固与存亡的大问题，努尔哈齐势必非常关心，而且是必须尽速解决的。这也与他不继续发动征明的行动有关。

当然，努尔哈齐的用兵，一向是见机行事，有利才发动的。孙承宗等在辽西安插辽民、抚慰蒙古，改变了民心所向，努尔哈齐岂能贸然兴兵？

在孙承宗被罢职辽东经略之前，在努尔哈齐没有完全完成镇压国内汉人反抗行动之前，辽河两岸是双方对峙的局面，维持了一段时间的和平。

后金兵攻克沈阳、辽阳、广宁之后，控制了汉人居住的辽河东西两岸广大地区，努尔哈齐先迁都到辽阳城，以就近治理新得到的疆土与人民。

以往在八旗兵攻城略地时，凡遇到抵抗，被俘的男丁一律屠杀。不过到沈阳取得之后，政策稍有改变，努尔哈齐认识到如果不杀掉被征服的汉人，即能"增加人口，增加兵员，增加钱粮"，屠杀是自己损失人口与财富，因此在天启元年三月攻下辽阳时，努尔哈齐公开宣布：凡是辽东的明朝官员，可以各任旧职，人民也可以各安旧业，八旗兵不杀无辜的人。这一宣示对稳定汉官与汉民的情绪一时起了积极的作用。特别是辽南四卫：盖州、复州、金州、镇江等地，是后方也是通海的重要地区，如果不能统治好，对后金政权的稳固是不利的，所以当时就分别以杨子渭、单尧忠、刘爱塔、佟养贞等明朝降官为镇守，其他较小的堡区也基本上是官复原职的让陈九阶、李世科等人当汤站与险山的军事长官。其后攻克广宁一役中，凡沿途归顺的明朝各官，不论官职如何，都给予赏银、信牌或旗帜，作为他们各任旧职的凭证，像西兴堡的朱世勋、镇静堡的刘世勋、平洋桥的闵云龙等二十多人，都官仍旧职，有的升级录用，因此不少降官都在新主子之下统治人民了，当然这对恢复社会秩序有积极的效用。

同时努尔哈齐也向辽东人民强调："只要听从金国汗的谕令，愿意当金国汗顺民的，不论贫富，各自的产业都自行领有。"这一号召最能打动明朝官绅、地主们的心，这是可以维护他们既得利益的，一时也得到了安定社会人心的好效果。

为了恢复各业生产，繁荣经济，努尔哈齐在兴建辽阳附近东京城时，特别下令到各处寻访当日抚顺、清河的老商家、店主，凡是新统治者认为可信赖的人，都命令他们在东京城南区居住、开设店铺，因而饭馆酒楼纷纷开业，黄酒、馒头、肉菜佳肴不乏供应，辽东原有的商业恢复生机了。

努尔哈齐又实施保护与优待有特殊技艺人士的政策，让他们不受迁徙之苦，安居在大城之中。天命六年有海州属下汉族手工业者，送来三千五百多个坛子与绿碗，努尔哈齐颇为高兴，他认为这些用品比金银、东珠还珍贵，下令升为首的工匠为守备官，并赐白银二十两。这当然与当时缺乏用器有关。他又亲自探访工匠织蟒缎、帛子的情形，并下令凡是这些工匠中没有妻室的人，都配给妻子、奴仆、衣食，免服徭役，并按他们的生产量多寡予以奖赏。

同年之中，这位金国大汗又责令属下将官阿敦、李永芳以及一些明朝的降官马尧明等人，把明朝的典章制度、辽东的兵员、城堡、户口、木匠、画匠等各类情形书写出来，将不适合后金采用的部分删掉，适合的部分呈报给他参考。

从以上种种事实看来，努尔哈齐在当时是有意仿行明朝制度，以汉制汉，统治新取得的广大土地与众多汉民了。

然而，问题并非如此单纯，官复旧职，民安其业也不是毫无条件的，努尔哈齐也说得很明白："只要听从金国汗的谕令，愿意当金国汗顺民的人。"才得到这些优待与礼遇的。当顺民的标志就是剃头。从第一仗取得抚顺开始，李永芳投降时就得先剃头，以后攻打任何城市，都以剃头与否为降叛的标准。剃头不是汉人的风俗，改变汉人习俗，强令剃头，简直就是侮辱了汉人的尊严，而汉族人多年来受儒家文化影响，特重夷夏之防，剃头无异是变夏为夷，是多数人不愿做的事。在明朝官方《实录》与后来私家彭孙贻的《山中闻见录》等书中，都记录后金政府派出骑兵，手持红旗，沿着大街小巷，到处呼传汗令，命令凡是自动剃头的，就不杀，否则格杀勿论。朝鲜人写的《燃藜室记述》里更记载了这样的文字，大意是：汉人说后金兵要杀不肯归顺的人，我们生死且不足虑。一旦剃了头发便成了鞑子，改日官兵返回时，真假鞑子莫辨，一律剿灭，我们不是当了冤死鬼了吗？因此大家都不愿剃头。可是剃头是后金既定的国策，被征服的汉人不能不遵从。我们从史料中看到当八旗兵进占辽阳时，努尔哈齐命令一名小军头，率领兵丁坐守辽阳城西门，对来往的行人逐一盘查，凡是不剃头的都被立即砍头处死。辽南的铁山矿工与广大地区的辽沈人民，更因不愿剃头而纷纷起事，以武装来抗金。镇江的望族兄弟缪氏五人，率先捐献万金，结交同志，誓死不剃发，决心反抗到底。

就以剃头一项来看，便可以了解努尔哈齐在辽东大战胜利后的治汉政策，遇到了"瓶颈"，不能顺利推行了。加上女真人旧俗以战争为取得财富的手段，他们的战争与征服就是为了掠夺财物，因为他们的生产力低下，以此为经济收入的来源。我们可以看到每逢战事胜利，八旗兵必饱掠而归，抚顺、清河、开原、铁岭等地，莫不如此。以大城首府辽阳来说，凡是能养活士兵与军马的粮食、草料、盐酱、盘碟、锅碗、陶瓷器皿以及金银财物，无一不掠搜殆尽。在辽阳城内搜刮民财时，努尔哈齐还规定大户富家每人只许留下衣服九件，中等人家只许留下五件，下等人家只许留下衣服三件，其余的一律交出，弄得辽阳城中各户，家家皆空，而努尔哈齐所搜集到的衣物聚集如山，供后金的贵族们分用。

剃头与抢掠使得民族之间的关系紧张了起来，甚至已经兵戎相见了。努尔哈齐为了巩固统治权，维护多年辛苦得来的土地与人口以及其他的财富，不得不对新征服的汉人实行新的统治政策，可怕的大迁徙、大屠杀行动随之开始，辽东汉人又受到更深的劫难。努尔哈齐早期宣布的"官复旧职"、"民安其业"号召，变成了空谈，事实上根本不存在了。

后金在新征服的辽东土地上对汉人实行强迫剃头与大掠财物的传统粗暴政策，又强令汉人为他们下田耕作，形同农奴，因而引起汉民的极大不满与愤慨，反抗事件当然就不断地发生了。由于地区的不同，汉人反抗的方式也不一样，最普遍的就是逃亡。

汉族人民恐惧战争与屠杀，富户人家早就远离战事，先行逃跑了。也有人在战争发生时设法逃走，像天命六年六月，后金汉官刘兴祚到金州任游击招降时，"金州只剩下秀才二人和光棍等十人，其余的都跑到岛上去了"。满洲文的旧档案里也记："暧河的人离散了。""凤凰城、镇江、汤山、长甸、镇东等五城空着没人。……镇江的罗秀才带着五百人渡江了。"又如连山关汉民男四十人、女二十人，驱赶马十八匹、牛五头、骡四头和驴二头，集体逃亡。这种村村相结、户户相通的居民连串逃亡，后来发展成了风气，像红草岛附近五村汉人，用秫秸杆编成筏子渡河逃亡，夹山河村二十户村民密议出走。娘娘宫附近李游击管下五个村子的百姓同时叛逃。这类集体逃亡的事件可谓层出不穷，弄得后金难以应付。结果"南起旅顺口，东到镇江，每年都有叛逃的"。从明朝方面的数据中可以看出，在沈阳、辽阳等大城陷落之后，辽民前后逃入关内的以百万计，进入朝鲜的也有几十万人，浮海入岛的有数十万，逃到山东境内也不下几万人，其中有三万人后来编入了水师。努尔哈齐看到如此多的汉人逃亡，但也没有好的对策，他说过：自从得到了辽东以后，汉人多数不够安定、安分，常常逃走，不肯勤于耕田。

不肯勤于耕田确实又是汉人在当时采用的另一种消极反抗后金的方法。努尔哈齐虽然宣布民安其业的政策，但终不能使辽民完全安定下来，许多汉民不肯回到田间耕耘生产，在沈阳被攻克后的第三年，竟然还有很多田中的谷物没有被收割，努尔哈齐不得已命八旗官兵在耀州、牛庄、海州、复州等地村庄中收割麦子，摘取棉花。农民如此的怠工、罢工，显然影响到粮食的收成，粮食不足，更影响到了人民的生活，如果再加上荒年，情形就变得更严重了。努尔哈齐发现女真、蒙古、汉人都缺粮难以糊口，他不得不下令采取限制粮食的政策，命令汉人富有的家庭不得擅自出售存粮，应该把多余的谷物送交政府，政府则给以少数的钱作为报酬。如果不肯交出而自行买卖，一经查出，则处死存粮的人并充公全部粮食。这固然是乱世用重典，但也越发失掉了汉民的心。

辽民的反抗手段是多种多样的，有消极的，有积极的，有公开的，有秘密的。逃亡与罢耕是消极的，但也有一种较为积极的抗争方式是下毒，以暗杀后金的统治者与他们属下的人。在辽阳陷落后不久，就有汉人在努尔哈齐居住的大城水井里投下毒药，八旗兵发现后，抓了二十个人来审问，但查不出结果来。努尔哈齐有一次去海州视察，宴会中也发现有八名汉人向井中投毒药，显然是要暗杀这位金国大汗的。不但努尔哈齐自身安全受到威胁，后金国全体军民也都被有毒的物品弄得寝食难安了。有一个时期几乎是处处见毒、时时见毒，凡出售的食物，从猪、鹅、鸡、鸭到蔬菜瓜果，样样都可能被下了毒，企图毒死女真人。努尔哈齐除指示国中的人小心预防中毒之外，又命令所有女真与汉人开设的商店都须在门前竖立一块牌子，上书店主姓名，购买食物的人，须记下店主人名，万一中毒之后，便于追查，一时人心惶惶，而下毒的反抗行动仍然遍及各地。

另一种反抗后金的办法是偷偷地计杀女真人，以纾解汉人心中仇恨。例如有的辽东人民假意与女真人结交，邀请他们到家里来吃饭饮酒，有时酒中下毒杀死他们，有时乘其醺醉而加以杀害，然后设法逃难。也有汉人结伙劫杀女真人，抢掠他们的牛马。为了防止这类劫杀，努尔哈齐曾下令女真人凡有事外出，必须有十人以上结伴而行，否则不许出门，若不遵令，罚每人银一两。但这并不能解决各地汉人袭杀女真人的问题，满洲文资料里就常见在古河、马家寨、镇江、长山岛、双山、岫岩、平顶山等地，有汉人聚众反抗，手执棍棒，袭杀后金官吏及兵丁的事。

随着时间的推移，到天命八年（明天启三年，公元1623年），我们发现辽东汉人反抗后金的行动有了深入与广泛的发展，规模上变大了，也从乡村进入了大城，更令人惊恐的是由消极的、暗中的逃亡、罢耕、投毒变为公开而积极的大规模武装暴动了，而这股反抗后金波涛有着席卷整个辽东之势。

大规模的公开暴动大致可以分为据寨反抗与联合明兵反抗两大类。辽南铁山矿工暴动抗金就是属于第一类的。当地东山的矿工与辽民集结在铁山上，专杀剃头的人。铁山地近复州，这一带土壤肥沃，又有铜、铅、银、铁矿藏，本来就是兵家必争之地。努尔哈齐于天命六年五月派乌尔古岱、李永芳等率兵三千往征，八旗兵沿山脚向上仰攻，反抗的汉人则在山上射箭、丢石块防守，双方进行激烈的肉搏战，死伤惨重，但不能顺利攻下山头。努尔哈齐又下令调辽阳兵八千来增援，重新围攻铁山，双方又发生多次血战。正当双方相持不下时，镇江汉民又奋起响应抗金了，暴动的声势远大于铁山，努尔哈齐只好命李永芳前往镇江镇压。

据寨反抗还有一个规模较大的实例，那是发生在广宁失陷后不久。据周文郁在《边事小纪》里说：当时有辽民据守十三山山城，人数高达四万，又有一万多人据前寺山一带抗金，四万多人据查角山抗金，其他戚家堡、双堡、十官儿屯等地也有人结寨为盟、誓死护发的，努尔哈齐派了李永芳等领兵去镇压，但无结果。后来义民向明兵请求增援，王在晋不肯出兵，因而内部发生分化，抗敌力量大为减弱，八旗兵乘势发动猛攻，汉民队伍惨败，只有二人逃入关内。孙承宗刚出任辽东经略，事后他对此役感慨地说"愧不能救"。

联合明兵发动武装抗金事件以镇江、复州、金州等地战事较为显著。镇江抗金斗争的时间之长、声势之大、情况之激烈，都是当时少见的。天命六年五月，当铁山抗金战事如火如荼时，镇江官民与明军联合发动军事行动了。镇江中军陈良策是降金的明将，这时他与明朝驻守中韩边境上皮岛的武官毛文龙秘密联系，策动政变，接应毛文龙兵入城，结果由军民联合捕杀了后金守城游击佟养真一族人，一时辽南四卫汉人军民纷纷响应。复州降将单尽忠也在毛文龙的策反下重归了明廷，汤站、险山、长山岛等地也有汉族军民起而抗金的。不过，毛文龙等的兵力毕竟不多，不能长期防守镇江等城，努尔哈齐不久后即派出大军血洗了镇江城，追击复州人民到长山岛，毛文龙军只得退居皮岛。

毛文龙在天命六年以后的五年之间，在组织与支持辽南人民起义抗金、在骚扰与牵制后金军事以及在鼓舞汉人抗金民气上，确实做了不少工作。不过，当他升官为都督之后，在"物货充裕，仓廪储备"的皮岛上，拥兵自霸，盘剥岛民，私通努尔哈齐，企图妥协等等行为，大大地毁损了他的业绩。

汉人的反抗运动，实在叫努尔哈齐防不胜防，苦于奔命，于是他使用更直接、更有效的方法了：大迁徙、大屠杀。

努尔哈齐攻克了很多辽东名城，取得了大片土地，开疆拓土本来是令人喜悦的事，可是努尔哈齐却因大量汉民的不服统治，甚至起而反抗，烦恼万分，他终于想出一些他认为有效的方法来了：授田、编庄、大迁徙、大屠杀，看你汉人还有什么能耐？现在先谈大迁徙与大屠杀。

努尔哈齐心中一直认为被征服的汉民"不够安分"，而辽南地区的大暴动又都是汉民勾结明朝官兵引发的，为了使汉民安分，为了使降民与明军隔离，大迁徙不失为一有效的手段。

天命六年八月到十二月间，努尔哈齐下令强行将辽东半岛东海沿岸居民内迁六十里，把从旅顺到金州的居民收入城堡。其后又将金州、复州的居民迁到海州，以隔绝沦陷区汉人与海上明军的联系。不久之后，又强行迁移鸭绿江下游西岸凤凰城、镇江、叆河、宽甸等城堡汉人到北方的萨尔浒山一带居住，使他们失去反抗的凭借。同年，为了征辽西、攻广宁，又将耀州以北各村汉人的子女集中，以南各村的子女集中于盖州，空出房屋安置进攻广宁的军队。以上的迁徙汉民从地理位置上看，可以了解，西起辽河下游的耀州和牛庄，东到鸭绿江西岸，南边到了旅顺、金州，北到海州，几乎半个辽东都有汉民在到处移动。努尔哈齐又怕新降服的汉民在他们原籍地上制造动乱，下令将他们搬到建州女真老根据地苏子河下游辽东北部地区居住，也有些汉人被安插在沈阳南方奉集堡以北到铁岭的一带地方。总之，让这批"不够安分"的汉人背井离乡，过着被八旗兵监视下的饥寒生活。

到广宁城被攻取之后，努尔哈齐又下令将辽河西岸广宁五卫、义州二卫、锦州二卫等地数万汉人强制迁徙到辽河以东的金州、复州、盖州、沈阳以及岫岩等地居住，河西人因刚到河东，无屋无粮，安置他们与河东人一同居住，"房同住，谷同食，田同耕"。这种以军事管辖的同居同食做法，当然带来很多不便与紊乱。

另外，在毛文龙的军队与辽南汉人联合反抗后金，进行武装暴动时，努尔哈齐又命令将辽南各地的汉人迁到耀州、海州、牛庄、鞍山以西地区安置，这一次迁徙同样的又造成很多人与若干地区的不安。

后金这几次大迁徙汉民，不是预作妥善安排而后要汉人搬家的，常常都是头一天接获迁徙令，第二天就被军队赶上路的。白天赶路，夜晚露宿，尤其是在深冬寒夜，在辽东荒野之中，不少人体弱填于沟壑，汉人们有弃死路边的，而驱赶移民的八旗兵丁，鞭笞男子，凌辱妇人汉人们，汉人们真是苦不堪言。即使有幸到达了目的地，又是无亲无友、无粮无房，还有汉人们在路上被视为不合作的汉民经常惨遭砍杀，真是惨绝人寰！

建州女真在明朝末年还沿袭狩猎民族的若干生产和生活的旧传统，他们不重视农耕，对土地的观念也不强烈，不了解汉人安土重迁的习俗，尤其是努尔哈齐为政治与军事的目的，强令汉人大迁徙，当然也只能收一时之效了。

大屠杀是努尔哈齐用来对付不愿做顺民汉人的最凶残手段。尽管在他初入辽沈地区时，口头上说不杀辽东汉人军民，但后来对抗拒者仍实行残酷的屠杀政策。尤其对以下各类的汉人，他毫不留情地予以屠杀：

一、逃亡的汉人：由于辽东汉人恐惧后金兵的野蛮杀人，每次攻下一城，都有几万人被屠杀。辽沈战前战后，也有汉人纷纷出走，后金兵对逃跑的汉人是格杀勿论的。如汤站堡附近驻守的金兵，怀疑境内的汉人要逃亡，便大开杀戒，杀了一万多人。另外汉人逃亡到朝鲜、山海关或是渡海到山东的，只要在路上被拦截到，一定全部屠杀。

二、反抗迁徙的汉人：努尔哈齐为防止汉人反抗，几次下令要汉人大迁徙，有从辽河西岸迁到东岸的，有从城市迁到乡村的，人民扶老携幼，扫地出门，稍有恋居的，即遭惨杀。在义州一次迁移行动中，有汉民不太合作，引起大贝勒代善震怒，当场屠杀了三千人，真可谓惨无人道。

三、发动暴动的汉人：这一类的汉人，在后金统治者眼中，更是该杀的一群。如镇江暴动以后，后金派兵围攻，在战争中李永芳等即挥军大肆屠杀汉人，并且一直追杀到越过鸭绿江，进入朝鲜国境之内。又如复州守将单尽忠被毛文龙策动，重新归顺明廷，后来八旗兵攻镇江，复州人民五万多人走避长山岛，金兵血洗镇江后，莽古尔泰贝勒等人又率兵追踪复州人民，进入长山岛，屠杀军民几千人，俘获逃民一万多。

四、怀疑不忠被俘的明官明兵与一般汉人：在后金统治区内发生汉人逃亡、不愿迁徙、投毒、武装反抗等等不安事件之后，努尔哈齐大生杀机，屠杀的对象不仅是上述三类汉人，甚至波及愿做顺民而投降他的明朝官民等一切可疑的人物了。努尔哈齐在晚年曾下令，要八旗总兵官以下、守备官以上的各级官员，到各城乡、村屯去甄别汉人，凡在八贝勒家和一般女真人家服役的汉人，都被绑起来盘查，让现任的汉族官员，将各自亲近的人领出来，其余的即是被认为可疑的人都留在村中，最后努尔哈齐命令八旗大臣率兵分路到各个村子里去，将留下的汉人官民，全部屠杀，在这次血洗的惨案中，无辜被冤杀的人数难以估算。

另外，努尔哈齐也对那些游荡城乡，无力生产，被视为"奸细"的人进行过屠杀，在努尔哈齐心目中，正如他自己曾经说过的："担心没有犯罪的汉人，长期住下去也会生乱的。"他真是为严防汉人生变而大肆屠杀汉人；但大屠杀也好，大迁徙也好，能解决当时辽东的问题吗？答案是否定的。

三十九
计丁授田与分丁编庄

努尔哈齐进入辽沈地区以后，面临着一个大问题：如此大的土地，如此多的汉人降民，要如何解决？汉人又是经济发达、文化程度高的民族，用什么方式来安顿他们才合适呢？

在取得辽阳城后不到四个月，即天命六年的七月十四日，努尔哈齐即宣布了一套建立社会新秩序的政策，他说：

> 为行分田事通知各村。圈占海州地方十万日（日又作晌，为当时田制，辽东地区以五亩为一日或一晌。熊廷弼曾在《修复屯田疏》中称"辽俗五亩为一日"），辽东地方二十万日，共计三十万日之田地，分与我军队之人马。凡我众白身者，可到我原居住之地播种。汝等辽东地方之诸贝勒、大臣、富户弃田很多，将其田没收。我必需之三十万日最好在其中圈占。如果不足可以到从松山起，铁岭、懿路、蒲河、和托和、沈阳、抚顺、东州、马根单、清河，直到孤山等地播种。如仍不足，则可出境播种。……今年播种之收成，仍由各自收获，我今计田，平均分给，一男丁种

粮之田五晌，种棉之田一晌，汝等不得隐瞒男丁，隐瞒则分不到田。今后乞讨者不许乞讨，乞丐、僧侣皆分给田地，应在自己田地上勤勉耕作。男丁三人耕贡赋之田一晌，男丁二十征兵一人，出公差一人。

这就是后金时代著名的"计丁授田"政策。根据其内容，大约有几项重点：一、将辽东地区"无主之田"按丁数授与满、汉人户。二、每丁授田六晌共三十亩，三丁共耕官田一晌即五亩。三、"男丁二十征兵一人，出公差一人"，就是这些男丁除耕田外还有当兵与作劳役的义务。四、乞丐、和尚等人也得种田，而每家不能隐瞒男丁不报。

努尔哈齐宣布的"计丁授田"制，显然是参考了明初以来在辽东实行而日后逐渐破坏了的"卫所军屯制"，与女真人原有的八旗每牛录出"十男四牛"屯田办法而制定出来的。不过，这制度的特色是生产者除耕种官田作为劳役地租外，他们可以用份地上的产物为一家衣食差徭之资了。当然耕作者并无土地所有权，其人身也不是奴隶，而是依附在土地上的农奴。这对明朝军屯制或是一般租佃制度而言，是大倒退，而汉人沦为农奴，尤令大家不满。

计丁授田规定圈占的土地从努尔哈齐的谕令中似乎只是"无主荒田"，但事实上除辽东五卫与海州四卫外，几乎整个辽东土地都有被圈占的。同时为了在新征服的土地上建立巩固的统治权，努尔哈齐又把八旗军户迁来辽东各地驻防。这些到各地驻防的八旗军户，根据最初的规定是和汉人同住、同吃，牲畜一同喂养，平时也要一同耕土地的。不过，八旗军户与汉人语言不通，又以征服者姿态欺凌汉人，这种尖锐状态无法长久维持，最后努尔哈齐只好再宣布修正办法，改为"分田耕种"。此外，新被征服的汉人，按当时的女真传统，"把俘虏、编户、耕地，全部分给各牛录"，后来投降或被俘虏的汉人愈来愈多，在努尔哈齐死后，这批编户的汉人从满洲牛录中抽出再编成汉军旗。有一度汉人是被努尔哈齐委派的汉官管辖过，像佟养性、李永芳都是汉人高官，刘兴祚、杨于渭、单尽忠、陈良策、佟养真等是地位较低的；但是后来由于陈良策、单尽忠被毛文龙策动反叛后金，使得本来就不信任汉人的努尔哈齐更为恼怒，于是改用女真官来直接统治汉民，并把汉民地位降到女真人之下。实行计丁授田之后，汉人男丁被授予的田地只是份地，其人隶属于旗，授予其人的土地也隶属于旗，是旗地，而丁与地在当时的制度上或名义上都是汗赐予的，因为国家是土地的最高所有者。

辽东各地的城市被后金兵不断攻克，汉民也日多一日被俘虏，降为奴隶。由于努尔哈齐的种种高压政策，汉民逃亡与从事抗暴的很多，这使得"计丁授田"制不能顺利成功地实行，尤其在大屠杀、大迁徙汉人之后，授田制几乎濒临瓦解了，努尔哈齐于是又在天命十年（天启五年，公元1625年）十月初三日，颁布了一项"分丁编庄"的命令：

> 男丁十三人，牛七头，编成一庄。将庄头的兄弟列入于十三丁之数。庄头自己到沈阳，住在牛录额真家的附近。使二庄头住在一处，如逢使役，该二庄头轮流前往督催。诸申（指女真人。满洲语诸申jusen原意为女真，后有奴隶贬意。）不要参加，把庄头之名，十二男丁之名，牛、驴之毛色，都写上交给副领催，由去的大臣书写带去。
>
> 若收养的人，置于公中，会被诸申侵害，全被编入汗、诸贝勒田庄。一庄男丁十三人，牛七头，田百晌，其中二十晌纳官粮，八十晌供自己食用。
>
> 每男丁十三人，牛七头，编为一庄，总兵官以下，备御以上，每备御给与一庄。

由此可知：分丁编庄就是每庄男丁十三人，牛七头，地一百晌，其中二十晌交纳官粮，八十晌供壮丁食用，这是大规模的用划一标准建立起来的庄田。这些庄田一部分属于后金的大汗、各旗旗主贝勒自有，另一部分则分赐给备御即牛录额真以上的各级官员。虽然努尔哈齐说备御官以上只"给与一庄"，实质上远远超过此数。从朝鲜人李民宬的观察，他说胡将的庄田"多至五十余所"、"奴婢耕作，以输其主"。至于纳粮的事，"分丁编庄"与"计丁授田"一样，都是劳动生产者受土地所有人的剥削，以生产所得，交纳劳役地租。而编庄后的地租显然比计丁授田时还高一些，可见编庄的目的还是要对汉人实行经济与政治上的控制。

总之，"分丁编庄"虽然是为了缓和民族冲突而设计的一项政策，但是还是为了后金贵族地主与军事头头们占有土地，依附土地的汉人与女真人仍为农奴，他们分得份地，必须为主子辛苦耕耘，缴纳税租。这些分地安民的政策，不但令汉人不满，因为他们被降低身份成为农奴，身受严重苦难的人身奴役。同时女真人被编庄的也因为只得剩余薄地，而且有"名虽五日，实在不过二三日"的土地不足现象，也是苦不堪言。努尔哈齐不久后发动进攻宁远的战争，大败而回，败绩的原因可能很多，但是授田、编庄的不得人心，绝对是因素之一。

四十
八王共治

　　努尔哈齐在取得辽沈之后，遇到最严重的问题可能还是自己国家内部权力斗争的事。随着历次战争的胜利，土地不断扩展，人口逐渐集中与增加，虽然以八旗制度解决了部分问题，可是八旗制是把后金人民分成八份，各属一旗，各旗主贝勒在理论上的地位相等，凡有战争各旗摊派甲士，各族几乎均等，战后所得战利品也是八家分给，有功的得重赏。建立农庄也是各旗等量。在行政管理方面，各置官职，各有衙门，甚至犯罪处死的人也分割其尸体为八块，分别悬挂于八衙门。

　　八旗之间，界限分明，互不相涉，因此各旗主贝勒除对努尔哈齐恭敬唯谨之外，各人在自己旗内权力极大，俨然一国之君，互相间当然难免有摩擦冲突之事。努尔哈齐早就预见子侄之间在他死后必有争夺，在万历四十年代初期他想仿照汉人传统，立嫡立长，让元妃佟佳氏所生的长子褚英代行国政，没有想到不久即发生四幼弟联合五大臣共同控告褚英的事件。这次斗争固然与褚英的心胸褊狭、行事作风有关，实际上还是旗权与汗权争夺的反映。努尔哈齐无奈，便打消了原订的计划。后金汗国成立之后，各旗主贝勒的力量更加强大，褚英早已不得乃父欢心，且有"被奴酋所杀"的可能，剩下的嫡长子就是代善了。代善也是元妃所生之子，随努尔哈齐从征多年，颇有战功，选定他为继承人也是应该的。可是代善为人柔弱，在和战问题上常与乃父相左。在天命五年（公元1620年）又发生了一件家族中的"丑闻"，努尔哈齐发现他当时的大妃（相当于皇后地位）富察氏经常送饭给代善与皇太极两位名分上的儿子，并且还在夜间出外与代善议事，努尔哈齐为此事十分恼怒，下令富察氏回娘家，另立大妃。除了休妻，当然代善的继承希望也破灭了。第二年，努尔哈齐放弃了嫡长继承的念头（事实上也没有其他嫡长子可继了），改由四大贝勒，即代善、阿敏、莽古尔泰、皇太极四人，按月分别执政，将全国的一切政务，归值月的旗主贝勒掌管。这种由四大贝勒"按月分值"制，表面上是公平待遇诸子侄，事实上也是努尔哈齐试验他们执政能力的，或者也可以说是让他们互相淘汰的。

在"按月分值"期间，表面上相当平静，但是暗潮汹涌。据朝鲜人说，皇太极曾有计划要"潜弑"他的长兄代善，但事机不密，未能成功，努尔哈齐又查无实据，对这件事只好置之不问。

在这段时期里，后金兵虽在战事上顺利地攻克了广宁，得到了不少辽东与辽西的土地；但是辽南与辽北的汉人反抗行动不断，可以说是后金的多事之秋。努尔哈齐看到诸子之间贪婪争夺的情况，想到他一生辛苦得到的成果，不能让儿子们的不合作而毁于一旦，终于想出了一个比较安全而合理的继承方案来了，那就是所谓的"八王共治"制度。

天命七年（公元1622年）三月初三日，努尔哈齐向后金国人及代善、阿敏、莽古尔泰、皇太极、德格类、济尔哈朗、阿济格、岳托等子侄长孙们，谈到他对汗位继承的新构想。他说：

> 继朕而嗣大位者，毋令强梁有力者为也。以若人为君，惧其尚力自恣，获罪于天也。且一人纵有知识，终不及众人之谋。今命尔八子为八和硕贝勒，同心谋国，庶几无失。尔八和硕贝勒，

择其能受谏而有德者，嗣朕登大位。若不能受谏，所行非善，更择善者立焉。择立之时，若不乐从众议，艴然变色，岂遂使不贤之人，任其所为耶！至于八和硕贝勒，共理国政，或一人心有所得，言之有益于国，七人宜共赞成之，如己既无才，又不能赞成人善，而默默坐视者，即当易此贝勒，更于子弟中，择贤者为之。易置之时，若不乐从众议，艴然变色，岂遂使不贤之人，任其所为耶？若八和硕贝勒中，或以他事出，告于众，勿私往。若入而见君，勿一二人见，其众人毕集，同谋议以治国政。务期斥奸佞，举忠直可也。

以上是日后汉人官员修纂努尔哈齐《实录》书中的记载，事实上在老满文的档案中还有不少琐碎的规条，如国主在一月之内要于初五日及二十日升殿，八王可以经共议后分设满、蒙、汉官员各八人助理办事，以及八王中如果有人不牢记父汗训言、不听众兄弟劝告、悖理行事的，可以定罪，甚至监禁等。

从努尔哈齐的这份传位"谕旨"中不难看出，努尔哈齐是设想限制未来继承人的权力，免得八家互相拼斗，以维护后金长治久安统治的。他自己的权力确实无限延伸得过大过高了，将来的继承者若如此必遭反对，引起动乱，所以他设计的新方案中，八王都有推举新国主的权，也都有担任新国主的权，并能废黜不称职的新国主。八王共议国事，连八家的满、蒙、汉大臣都由共议产生，不像努尔哈齐自己可以专断一切。另外，后金兵在战争所得的财物，仍行八份分配制，使八王都享有经济同等特权，从而给新国主以明文限制。为了使八家兄弟至亲家人和睦，努尔哈齐又规定不准私议国政，以防密议产生奸谋，军国大事都得公开共议。

努尔哈齐的这项政体改革，实际上是为当时政治环境而构想出来的。他知道他的子孙们都已各拥庞大势力，各自为政，他在世一天，尚能维持君主集权制，他死后必然引起大争端，因此他让八家共理国政，由八和硕贝勒组成的贵族集团成为后金国家的最高权力机关。同时，努尔哈齐又利用这次改革，排除了异姓贵族在后金最高统治集团之外。且不说汉人投降的李永芳等驸马爷，就连蒙古来的忠诚支持者恩格德尔等皇亲，也不在最高阶层之列了。还有早年随同努尔哈齐出征的从龙旧臣像何和理、安费扬古、扈尔汉等人，也都不能干预政事，这一切表明了后金最高统治集团，今后只有爱新觉罗家族、努尔哈齐的子孙们组成了。

尽管这种八家共治的政治体制不适合后金征服辽沈后的现实环境，比起努尔哈齐君主专制下的八旗制度，显然也是一个逆转与倒退的政治改革，但是努尔哈齐的这一改革谕旨是为解决当时他子孙们权力斗争而发的，意在平衡四大贝勒之间的关系，使后金政局有个短暂的安定，大家团结一致地再向明朝进军。

四十一
稳定难缠的朝鲜

努尔哈齐对辽东、辽西新降附的汉人问题算是暂时应付好了，自己国内子侄间争权的事也作了一时权宜的安排，似乎可以再南向进一步地攻打明朝，创建更大的帝国事业。可是朝鲜的问题一直不能有理想的突破，而且从毛文龙的势力壮大之后，几乎成了后金的真正后顾之忧，不得不重视而予以积极解决。

自从萨尔浒山大战之后，朝鲜都元帅姜弘立及数千士兵被后金俘虏，努尔哈齐以为这是一笔与朝鲜谈判的资本，于是就向朝鲜主动地发动外交攻势。首先是释放朝鲜的翻译官河瑞国等回国，并派了后金的人员随行，希望与朝鲜王廷进行和谈，并进行贸易，从朝鲜输入货品，以供后金的物资需求。可是朝鲜的反应只在言辞中表示了友好的态度，而实质上并无令努尔哈齐满意的回应。举例说，努尔哈齐写信给朝鲜国王，自称为"朕"，要求朝鲜归附后金，信中盖有"后金国天命皇帝"的大印。朝鲜是明朝的属邦，一向尊奉明朝为"天朝"，双方的关系是"父子"；而努尔哈齐在朝鲜君臣心目中只是一个建州卫的女真首领，现在以如此的措辞要与朝鲜议和，当然是朝鲜无法接受的。但是士兵元帅几千人在后金为阶下囚，生死全操在努尔哈齐之手，如何应付这样的局面呢？真令朝鲜王臣费尽了思量，最后他们回了努尔哈齐一封信，不以朝鲜国王名义回函，而以平安道地方官作书，书中只称努尔哈齐为"建州玛法足下"。"玛法"是满洲语mafa，为长者、前辈的意思，当然是尊称，回书的结尾也只盖了平安道监司的大印，对后金要求也含糊以对，敷衍应付而已。努尔哈齐得回信后大怒，派人写了第二封致朝鲜国王书，指责国王不正面回答问题，只在"静坐两间"，采取"观变"态度。同时提出要求与朝鲜盟誓订约，要朝鲜国王尽速回复。

朝鲜国王如何能背叛明朝与后金缔盟，只好采取拖延不理的态度。可是后金上自大汗努尔哈齐，下至八旗贝勒大家都按捺不住了，除代善一人之外，大都对朝鲜不满至极。首先对被俘的朝鲜官兵实行惨酷的报复手段。朝鲜官书《实录·光海君日记》里记：

> （后金官）颜春，……任意操纵，使之厮杀，几至千余人。

在后金被俘虏，日后幸运得归朝鲜的李民寏则在他的《栅中日录》中写着：

> 奴酋（指努尔哈齐）令尽杀两班之流。……贵盈哥（指代善，满语古英巴图鲁之音转）力争不可，故只杀外间两班之流四、五百人，贵盈哥甚恨之。红歹是（指皇太极）等曰：朝鲜终不答书，……不可尽送其将帅。……

萨尔浒山大战后，姜弘立等朝鲜官兵被俘的约有三四千人，其中一部分后来被送到后金各部落参加农耕生产，剩下的士兵在这次屠杀行动中有不少被冤杀了。另外对于朝鲜本土，后金贵族贝勒们也有主张发兵征讨的，尤其皇太极竭力主战，努尔哈齐几乎被他说动，曾在中韩边境上积极备战，大修战具，弄得朝鲜朝野大为紧张，曾经六七次派人向辽东求援，要求熊廷弼能派兵去援助。所幸后来努尔哈齐还是听了代善与李永芳等人的意见，认为熊廷弼在辽东的经营比朝鲜更可怕，因为朝鲜绝不敢主动兴兵来攻打后金，而熊廷弼若恢复辽东汉人元气，将来形势可能逆转的。努尔哈齐因而全力准备攻打广宁，但也杀了朝鲜的副元帅金景瑞以示警，叫朝鲜安分，大家维持和平。

努尔哈齐决定了先进兵明朝辽西大城，再看朝鲜态度作和战政策之后，从天命六年到十一年（公元1621~1626年）这段期间，后金与朝鲜的关系算是稳定，只是还有些问题引起双方争执，颇令大家不快。例如努尔哈齐长久以来一直希望朝鲜与后金结盟和好，朝鲜若能与明朝断绝关系则更好，可是朝鲜仍奉明朝为上国，无论努尔哈齐在书信中如何挑拨，甚至说出明廷视朝鲜为奴仆的话以羞辱朝鲜，李朝国王也无动于衷，绝对无心改变与明朝的封贡主从关系，这是令努尔哈齐痛恨的第一点。

当后金取得辽沈广宁等大小城市之后，汉人反抗情绪高涨，尤以辽南地区为甚。而毛文龙乘势崛起，大闹东江，深入后金腹地，不但协助汉民从事武装反金，自己麾下的大军也经常给后金极大的骚扰与威胁。而毛文龙之所以能成气候，能形成抗金力量，全都与朝鲜有关。他驻兵于朝鲜离岛，粮食由朝鲜供应，朝鲜真是他的"养命之源"。据《李氏朝鲜实录》所记，在努尔哈齐晚年，朝鲜政府先后供给毛文龙的粮食谷类多达几十万石。后金为了剪除毛文龙这个后顾之忧，曾经与朝鲜政府交涉，提出交换条件，即朝鲜断绝毛文龙粮源供应，最好捉拿毛文龙交给后金，努尔哈齐则保证将姜弘立等官兵全部立刻释放。朝鲜国王对后金的这项建议，仍是采取一贯的不予理睬态度，这是令努尔哈齐对朝鲜不满的第二点。

由于中韩边境只一江之隔，多年以来人民违法渡江的很多。特别是努尔哈齐建立后金汗国之后，汉人与女真人不堪虐待而逃亡朝鲜的很多，这项"逃人"问题成了双方难解的争议。尤其自天命六年（公元1621年）以后，镇江等地辽人纷纷逃往朝鲜，数量多达十几万。女真人视俘虏为财产，人口逃亡即是财产丧失，当然要设法追回，因此努尔哈齐曾经多次向朝鲜国王索取逃往朝鲜的汉人，朝鲜国王怎么能把父国的子民随便交出？当然不会答应。努尔哈齐甚至几次写信讲古喻今，举出女真祖先完颜金时代，女真人阿疏往辽朝，辽人张角逃往宋朝而导致亡国的严重教训，对朝鲜国王进行威胁。同样的又在另一封信中谈到完颜金时，高丽官员赵位宠曾经以四十余城归降大金，金主则以友好为重，不接受来降的高丽将军，这是用友好情谊的传统来感动朝鲜国王的。可是朝鲜国王就像木头人一样，对努尔哈齐仍是一概不予理睬。这是令努尔哈齐恼恨的第三点。

除以上三点重大的不快事情之外，还有很多边界上发生的冲突，致使双方关系一直不能进展。不久以后，后金兵攻宁远失败了，努尔哈齐也很快病死了，等到主战派的皇太极登上汗位，第一件事就是征伐朝鲜。

四十二
宁远之败

　　自从努尔哈齐以"七大恨"征明以来，可谓幸运至极，在短短的一年零三个月之内，他就取得了抚顺、清河、开原、铁岭以及众多其他城堡。熊廷弼经略辽东之后，辽沈的局势显然稳定住了。尽管熊廷弼说："火燎于原，今且并窥辽、沈，遂成不可向迩之势。"但是努尔哈齐对熊廷弼还是惧畏几分的，不敢发动进一步的战事。然而幸运之神又降临在努尔哈齐身上了，明朝中央突然发生变故，神宗的死与光宗的暴毙，使得"一月之内，梓宫两哭"。熹宗登位后，阉党抬头，熊廷弼连番地遭到言官们的弹劾，终于使他成为政争下的牺牲品，黯然地离开了辽东，努尔哈齐也幸运地攻打下了沈阳、辽阳等重镇。熊廷弼后被再度重用，但又遇到中央执政的阉党盲目支持王化贞，在"经抚不和"的不利情况下，努尔哈齐又攻克了广宁。"不取一金钱，不通一馈问，终日焦唇敝舌，与人争言大计"的熊廷弼不但冤死，而且传首九边，际遇真可谓惨不忍言。在辽东局势已到了"弃全辽而无局"的时刻，竟然又出现了一位爱国知兵事的大学士孙承宗，自愿出京，负担起救国重任。他又慎选了有胆有谋的袁崇焕等人共同出关经营，希望坚守关外，屏障关内，营筑宁远，再图大举。孙、袁等人的工作颇具成效，逼得努尔哈齐三年多不敢轻举妄动，兴兵来攻打明朝辽西边城。可是明廷在辽边获短暂安定时又发生内斗了，阉党又藉柳河事件罢黜了孙承宗，无异又给努尔哈齐带来一次幸运。

柳河事件发生在天命十年（天启五年，公元1625年）九月，明兵守将误信逃亡汉人的报告，说后金兵只有三百人驻守耀州城，很容易攻取。明兵为贪功便渡柳河（今辽宁省新民县境）进攻耀州，不料后金兵早有埋伏，歼灭了好几百个明兵，连参将、副将也在是役中阵亡。消息传到京城之后，阉党便利用这次小接触的兵败，大肆宣传孙承宗的经营辽东无成就，夸大其词地说"辽之精锐十万尽矣"，甚至造谣渲染山海关危在旦夕。皇帝也不查明真象，只信阉党的胡言，最后竟逼使孙承宗上疏求退，免职回家养老了。

孙承宗罢归乡里之后，明廷以高第为辽东经略。高第素不知兵，胆量又小，出任后主张大撤退，不必远守，只驻兵山海关就好了，于是下令尽撤关外戍兵。袁崇焕力争不可退守长城，认为"兵法有进无退"，锦州、右屯若是动摇，宁远、前屯必然难守，关内也会因而失去保障。这种"示敌以弱"的做法更会助长敌人的气焰。但是高第仍持原议，尽驱屯兵、屯民入关，抛弃粮食十多万石，据说当时人民哭声震野，死亡载道，弄到"民怨而军益不振"的地步。袁崇焕见无法说服高第，他只好个人抗命不撤军，并且声言："我宁前道也，官此，当死此，我必不去！"他与一批忠心爱国将士，留在孤城宁远，整军布防，激励士气，准备迎接即将到来的一场大战。

努尔哈齐在孙承宗经略辽东的三年多当中，没有出兵向辽西推进，一方面是新取得的领土内汉人反抗事件层出不穷，造成社会极大不安；另外，孙承宗以阁臣亲自守边，使他不能不慎重行事，而且孙承宗又派了辽东旧督臣王象干抚慰蒙古诸部颇有成效，让努尔哈齐又添了一项后顾之忧，这些都是对于后金不利的。努尔哈齐一生从不打没有把握的仗，因而"蛰伏三年"，不敢贸然出兵。

现在形势变了，孙承宗被罢黜离开了辽东，新任的经略高第一上任就推行大撤退的工作，努尔哈齐的企图心又恢复了，而且带着过分自信的心态策划兴兵征明了。

天命十一年（天启六年，公元1626年）正月十四日，努尔哈齐亲率大军十三万，号称二十万，往征宁远，大军一路前进，首尾莫测，旌旗如潮，剑戟似林，直向西进。十六日到达东昌堡，十七日渡过辽河，行军到西平堡时，从被俘明兵口中得悉右屯守兵仅有千人，大凌河守城兵约为五百，几乎都没有大军防守。当后金兵将到之时，右屯、锦州、松山、杏山、大、小凌河、塔山等各处军民都焚烧房屋、谷物，毫无抵抗，纷纷逃散，这使得努尔哈齐更具攻克宁远的信心。二十三日，后金兵临宁远城下。又越城五里，驻兵七大营，以横断通往山海关的道路。

明朝辽东经略高第听到后金兵大举进攻宁远，简直无计可施，只能龟缩在山海关，按兵不动，因此在八旗兵进攻宁远的前夕，"关门援兵，并无一至"，袁崇焕只好孤军守城，准备以身殉国。

不过，袁崇焕当时在宁远城里有两万多兵，而且有"自房中拔归者，俱愤怨，可一当百"。除了这批视死如归的勇士外，宁远城中又有不少威力强大的火炮。在当年以刀枪为主要武器时，这些西洋传来的利器是胜过千百雄兵的。加上袁崇焕的临危不惧，将士一心用命，宁远城"塞门夺死守"的正确战略，这一切都增加了努尔哈齐致胜的难度。

正月二十三日，努尔哈齐先派被俘的汉人进宁远城，劝袁崇焕投降，遭到严词拒绝。第二天，八旗兵使用楯车、云梯配合步骑兵猛烈攻城，又命披重铁铠的"铁头兵"专做挖城的工作。守城的明兵用矢石、铁铳与西洋大炮凶猛还击，后金兵死伤累累，但冒死不退，前仆后继，几乎凿开了宁远城。袁崇焕等守将则命令兵丁投药罐，飞火球，"缚柴浇油并搀火药，以铁绳系下烧之"，造成"城下贼尸堆积"。明军又以西洋大炮轰八旗兵，后金兵不得不撤退，暂时退出战场。二十五日，努尔哈齐又下令攻城，袁崇焕又以棉被中放置火药，使得八旗劲旅多人被炸死，明兵又从城上放箭放火炮，"炮过处，打死北骑无算"。而在攻城战中，后金又有某位重要人物被明炮击毙或击伤，因而又退兵停止攻击。经过两天攻城的失利。后金兵不但死伤惨重，全军士气也大挫，宁远攻防大战胜败至此已成定局。

二十六日，努尔哈齐决定回师沈阳，发现离宁远二十里的海中有觉华岛，是袁崇焕存粮的所在，于是派兵登岛，大肆屠杀兵民约三万人，并尽焚粮食，以作为攻打宁远失败的报复。

四十三
努尔哈齐之死

　　宁远之战以明军胜利，后金挫败而结束了。明军能取得胜利击退八旗兵的原因固然有将士用命，指挥得法等等因素，但最主要的还是战略战术的成功。袁崇焕赞同参将祖大寿的主张，坚守城池，绝不出城与后金兵发生野战，这是此前明军在辽东失败教训的总结，守宁远的人能记取是正确的。另外一项致胜的因素是火药与火炮的有效利用，根据资料所记，在主要的两天几次攻防战中，宁远城的火炮一直发挥了强大的效力，给后金兵以致命的杀伤力。而这些西洋"红毛"火炮，袁崇焕听从了一位王喇嘛的意见，全部撤回城内，制作成炮车队，挽设城上，各置弹药，由孙元化、罗立等教习专家燃放。这批"红毛"大炮是由一位名叫茅元仪的人向西洋人学习使用方法的，据说炮火的威力很强大，有"平发十五里"的射程，因此在袁崇焕拒降之后，即命罗立等人向城北后金兵大营发射火炮，结果"一炮歼虏数百"，逼得后金兵"旋移大营而西"。二十四日是努尔哈齐下令发动大攻击的第一天，后金兵猛攻宁远城的西南角，又被城上的火炮打得死伤累累，不能攻破城池。二十五日后金兵再发动另一轮进攻，城上仍然施放炮火，"炮过处，打死北骑无算"。可见西洋"红毛"大炮是击败八旗兵的一项主因。

另外火药的运用也是致胜的关键。《明实录》中记：

> （二十四日）贼遂凿城高二丈者三四处，于是火球、火把争乱
> 发下，更以铁索垂火烧之，牌始焚，穴城之人始毙，贼稍却。

这是说那些后金"铁头兵"敢死队挖城墙时被火药罐、火球烧死退却的情形。二十五日，袁崇焕等又用了另一种火攻战术，使后金兵死亡多人。当天后金兵再度攻城时，见地下随处都有成卷的被褥，在酷寒的正月下旬，后金兵乃相争用以取暖，没有想到被褥中卷的是火药，城上守军用火箭等引火物射向被褥而引起爆炸，到处开花，一片火海，八旗兵死伤惨重，又是一次以火药致胜的实例。

事实上，单靠火炮、火药也不一定就能打败后金兵的。努尔哈齐本人以及当时后金的大环境也影响到宁远之役的胜败。例如孙承宗的罢黜，努尔哈齐以为熊廷弼当年被罢的历史又重演了，他可以像攻克沈阳、辽阳一样，这次必能取得宁远，甚至攻进山海关。柳河之役的小胜利以及攻打宁远之前一路上经大小凌河、松山、杏山等城，如入无人之境，他以为宁远也一样的可以轻易取得，他犯了轻敌的大错误。宁远战败之后，一位投降后金的汉臣刘学臣上疏给努尔哈齐分析得很中肯，他说：八旗士兵自从得到广宁之后，三年来再没有经历大战，各级额真贝勒将领们久不临战，变得十分怠惰，不肯用心练兵，各种兵器也都陈旧不堪。兵无战心，以钝兵攻坚城，首战即败，再战而阵容大乱是必然的。加上努尔哈齐出兵攻宁远时，东有朝鲜与毛文龙的骚扰，西有蒙古兵的威胁，根本不能全力以赴地去征明，失败是难以避免的。

宁远之败对努尔哈齐的打击最大，连清朝官书中都记：

> 帝自二十五岁征伐以来，战无不胜，攻无不克，唯宁远一城

不下，遂大怀忿恨而回。

这份心中的愤恨显然很严重，因为在他败归后的一个多月的一次谈话中，很清楚地透现出来了，他说：

> 吾思虑之事多，意者朕心倦惰而不留心于治道欤？国势安危、民情甘苦而不省察欤？功勋正直之人有所颠倒欤？再虑吾子嗣中果有效吾尽心为国者否？大臣等果勤谨于政事否？

可见他的心情沮丧，陷于苦闷之中，想到很多问题，甚至身后大事了。

努尔哈齐毕竟是一位伟大的领袖人物，在他身心获得一阵休养之后，决定先重振军威，以安定国内局势。天命十一年四月初，也就是宁远战败后两个多月，他亲率大军出征蒙古，因为蒙古诸部没有在他攻宁远时出兵助战，而战后又倒向明朝，因而兴师问罪。遭殃的是喀尔喀巴林等部，经过半个多月的征讨，喀尔喀蒙古基本上被收服了，后金兵共获得人口、牲畜五万六千多口，努尔哈齐这次用兵既挽回了宁远兵败的名声，又补充了财力方面的亏损，更解除了蒙古在后方的威胁。同年五月间，科尔沁蒙古的奥巴台吉又来向努尔哈齐请求结盟，努尔哈齐与他对天盟誓，表示永敦和好，这件事也纾解努尔哈齐胸中不少郁闷。

六月二十四日，努尔哈齐谕令诸子要互相和睦，八人要同心协力勤理国政，并明确指示，要以通达国事，洞悉民隐，知道德政的人为君。他更以消极的口吻，说出他希望有一天不用亲自管理国事，坐视众贝勒治国，以享晚年之乐。

也许是努尔哈齐真的身心疲乏了，健康出了问题，不然以他的个性，不会说出这种英雄气短的话来的。到七月二十三日，他因为病势加重而去清河温泉坐汤疗养。八月初一日又命令他的侄子二贝勒阿敏持书去祭拜堂子，乞求天神、祖先保佑，并慎重其事地杀牛、焚纸钱、祭祀神祇。可是努尔哈齐的病显然是无法康复了，八月十一日，当他乘船沿太子河回沈阳途中，死于离沈阳城东四十里处的瑷鸡堡，享年六十八岁。

努尔哈齐的遗体后来安葬在沈阳城东面的石嘴头山，是为福陵，又称东陵。清朝建立之后，他的后代子孙尊奉他为太祖，以示他是大清帝国奠基"创办人"。

努尔哈齐的死是不是与宁远一战被火炮击伤有关呢？先看看当时人的说法。明蓟辽经略高第奏报中称：

> 奴贼攻宁远，炮毙一大头目，用红布包裹，众贼抬去，放声大哭。

张岱在《石匮书后集》中记：

> 炮过处，打死北骑无算，并及黄龙幕，伤一裨王，北骑谓出兵不利，以皮革裹尸，号哭奔去。

当时有位朝鲜译官名叫韩瑗，因朝贡途经宁远，他亲见了这场大战，据他的说法是：

> ……奴儿哈赤先已重伤，及是俱礼物及名马回谢（袁崇焕），请借再战之期，因懑志而毙云。

由于宁远战后努尔哈齐还亲自领兵去征伐蒙古喀尔喀部，又与科尔沁部会盟，显然他不是在宁远战时或战败后不久就死亡了，所以近代史家都认为努尔哈齐死于宁远之战是不可靠的说法。不过他是不是在这次大战中受了伤，目前因史料不足，也不能确论。袁崇焕说过"奴酋耻宁远之败，遂蓄愠疽"。彭孙贻的《山中闻见录》中也记："建州国汗，疽发于背。"努尔哈齐的死应该是与"疽发"的皮肤病有关,否则他不会去清河泡温泉坐汤。至于"疽发"的原因是不是宁远炮伤旧病复发,当然有可能,但是仍需可靠的史料来证实更好。

根据有关努尔哈齐的史料，可以考出他一生至少娶过妻妾十六人。虽然他们结婚的时间不能确知，不过多是政治婚姻是可以看出来的。现在就把这十六位妇人开列如下，并就其中几位的生平大事略加叙述。

一、元妃佟佳氏，她名字叫哈哈纳扎青，是努尔哈齐的原配发妻，与努尔哈齐度过早年欢乐与受继母虐待时的艰苦岁月。她为努尔哈齐生二子一女，长女东果格格生于明神宗万历六年（公元1578年），当时努尔哈齐二十岁。其后又于万历八年与十一年分别生努尔哈齐第一子褚英与第二子代善。

二、继妃富察氏，名衮代，她也为努尔哈齐生了二子一女，即莽古尔泰、德格类与女儿莽古济。莽古尔泰生于万历十五年（公元1587年），因此她与努尔哈齐结婚的时间必在万历十三四年或更早。不过她在努尔哈齐创建龙兴大业的期间显然很重要，例如万历二十一年九部联军来攻建州时，她就见诸于史册了。史书里说在大战前夕，努尔哈齐仍能就寝酣睡，她摇醒了夫君，并说："尔方寸乱耶？惧耶？九国兵来攻，岂酣寝时耶？"努尔哈齐答道："人有所惧，虽寝不成寐；我果惧，安能酣寝，前闻叶赫兵三路来侵，因无期，时以为念，既至，吾心安矣！”这段记事虽是后世史官的溢美之词，但是当时富察氏显然在部落中已有相当的地位了。直到天命五年（公元1620年）富察氏被小福晋德因泽告发，向努尔哈齐说大妃（大福晋，指富察氏）两次备佳肴送给大贝勒（代善），大贝勒受而食之；一次备好菜送给四贝勒（皇太极），四贝勒受而未食。大福晋又一天两三次派人去大贝勒家，大约商议要事。大福晋又有两三次在深夜出宫院。努尔哈齐后来派大臣调查，因确有其事，便借口大福晋偷藏金帛，勒令她回娘家，休了这位大福晋。满文史料里虽然没有明载这位大福晋是富察氏还是多尔衮的生母乌喇那拉氏，但是第二年即天命六年多尔衮的生母被立为大妃（大福晋），一位被休了回娘家的人如何又能在一年后东山再起？而且努尔哈齐对代善与富察氏的暧昧关系非常不满，代善继承大汗的资格也因这一事件而丧失了。此外，到天命十一年努尔哈齐病死时，代善与皇太极等人都逼着多尔衮生母去殉葬，如果他们之间有一段旧情，相信不会做出如此出乎情理之外的事的。总之，我个人的想法，天命五年被勒令离弃的大福晋应该是富察氏衮代。

三、大妃乌喇那拉氏，名阿巴亥，是乌喇贝勒满泰的女儿，生于万历十八年（公元1590年），比努尔哈齐小三十一岁。她是在万历二十九年十一月年满十二岁时嫁给努尔哈齐的，为努尔哈齐生了三个儿子：阿济格、多尔衮与多铎。在努尔哈齐晚年她是最得宠的人，被立为大妃，努尔哈齐的产业也均分给了她的三个儿子。可是这位薄命的红颜佳丽在三十七岁的盛年，因为努尔哈齐的病逝，而被年长有兵权的“儿子们”逼去殉葬，香消玉殒了。清朝早期史书里也记录了这件惨事：

> 后（指多尔衮生母阿巴亥）饶丰姿，然心怀嫉妒。每致帝（指努尔哈齐）不悦，虽有机变，终为帝之明所制。留之恐后为国乱，预遗言于诸王（指代善、皇太极等大贝勒）曰：俟吾终，必令殉之。诸王以帝遗言告后，后支吾不从。诸王曰：先帝有命，虽欲不

从，不可得也。后遂服礼衣，尽以珠宝饰之，哀谓诸王曰：吾自十二岁事先帝，丰衣美食，已二十六年。吾不忍离，故相从于地下。吾二幼子多尔哄（衮）、多躲（铎），当恩养之。诸王泣而对曰：二幼弟吾等若不恩养，是忘父也，岂有不恩养之理？于是后于十二日辛亥辰时自尽，寿三十七。

努尔哈齐晚年因宠爱阿巴亥，爱屋及乌，让年仅十五岁与十三岁的多尔衮、多铎领有正黄、镶黄两大旗的部分，阿巴亥又身为大妃，更有努尔哈齐欲传位给多尔衮传闻，这样"有机变"的"母后"如何能留在人间？阿巴亥当然是难得善终的。事实上，多尔衮后来当上了摄政王，权重一时，他也为母亲的冤死作了一些翻案文章呢！

四、高皇后叶赫那拉氏，名孟古哲哲，是叶赫贝勒纳林布禄的妹妹。万历十六年（公元1588年）嫁给努尔哈齐。她生于万历三年，死于万历三十一年，是后来继承努尔哈齐大汗宝位皇太极的生母。皇太极当了大汗之后，尊奉他的母亲为皇后是合情合理的；但是我在这里把她列名第四位，与一般清代史书将她排名第一不同，也是有原因的，因为我怀疑她根本就没有当过大妃或大福晋（也就是皇后）。如果她真的没有被努尔哈齐册立过大妃，那么她的所生子也就没有资格当大汗的继承人。这是关系重大的事，关系到清太宗皇太极继承的合法性，关系到后来多尔衮说他哥哥皇太极"夺立"的正确性，也关系到代善的后人昭梿讲他家祖先礼亲王大贝勒代善"让国"的问题。史料里既没有明确记录孟古哲哲当过大妃，就容我把她列在第四位吧！

五、寿康太妃博尔济锦氏，蒙古科尔沁贝勒孔果尔女，没有生子女的记录。

六、侧妃伊尔根觉罗氏，生一子阿巴泰；又一女，名嫩哲格格，又称沾河公主。

七、侧妃叶赫那拉氏，为皇太极生母之妹，为努尔哈齐生一女，称聪古图公主。

八、侧妃博尔济锦氏，蒙古科尔沁明安贝勒女，无生子女记录。

九、侧妃哈达那拉氏，哈达贝勒扈尔干女，无生子女记录。

十、庶妃兆佳氏，生一子阿拜。

十一、庶妃钮祜禄氏，生二子：汤古代、塔拜。

十二、庶妃嘉穆瑚觉罗氏，名真哥，为努尔哈齐生巴布泰及巴布海二子以及穆库什与另两名女儿。她是为努尔哈齐生子女最多的人，但地位始终不高。

十三、庶妃西林觉罗氏，生子一，名赖慕布。

十四、庶妃伊尔根觉罗氏，生女一，名不详。

十五、庶妃阿济根，努尔哈齐死时殉葬死。

十六、庶妃德因泽，努尔哈齐死时殉葬死。德因泽告发富察氏与代善等密谋与暧昧关系后，颇得努尔哈齐欣赏，获准与努尔哈齐同桌吃饭。后被逼殉葬，亦可见与当时政争有关。

努尔哈齐活了六十八岁，娶了妻妾至少十六人，她们为他生下十六子八女，这是有资料可考的。他二十岁生第一女，六十二岁生第十六子，生儿育女期前后达四十二年。他的十六位公子是（按出生次序）：

褚英（公元1580～1615年）：努尔哈齐的嫡长子。早年随父投身于统一女真诸部大业。万历二十六年（公元1598年）往东海瓦尔喀安楚拉库大胜，赐号洪巴图鲁，封贝勒。三十五年（公元1607年）又因击败乌喇部，得广略贝勒美称（满语作阿尔哈图土门贝勒）。四十年（公元1612年）委以国政重任，因不能恤众，遭诸弟与五大臣讦告，第二年又因诅咒父汗及诸弟而被幽禁，四十三年逝世。

代善（公元1584～1648年）：努尔哈齐次子，褚英同母弟，年轻时即从事统一女真诸战役，万历三十五年（公元1607年）因征乌喇部有功，赐号古英巴图鲁，天命元年（公元1616年）封和硕贝勒，参与国政，为四大贝勒之首。努尔哈齐病逝后，代善仍领满洲两红旗，攻明朝、征朝鲜、伐察哈尔蒙古，颇有战功。崇德元年（公元1636年），尊封为和硕兄礼亲王。顺治五年（公元1648年）死于北京。

阿拜（公元1585～1648年）：努尔哈齐第三子。天命十年（公元1625年）征东海虎尔哈部有功，授为牛录章京。天聪八年（公元1634年）升梅勒额真。崇德三年（公元1638年）任吏部承政（即尚书），八年以老罢退。后随清兵入关，顺治五年（公元1648年）去世。

汤古代（公元1586～1640年）：努尔哈齐第四子。清太宗皇太极继承汗位之初，任固山额真，后因与明军作战失利，弃城败归，被罢官并没收家产。天聪八年（公元1634年）复授三等梅勒章京。崇德四年（公元1639年）封三等镇国将军，翌年逝世。

莽古尔泰（公元1587～1633年）：努尔哈齐第五子。天命元年（公元1616年）封和硕贝勒，统正蓝旗，与代善、阿敏、皇太极合称"四大贝勒"。在征明朝、灭叶赫、攻蒙古诸战役中屡立军功。天聪五年（公元1631年）从征大凌河之役因与皇太极意见不合，被革大贝勒称号，罚银万两，并夺五牛录人口，翌年"以暴疾卒"。

塔拜（公元1589～1639年）：努尔哈齐第六子。天命十年（公元1625年）因征东海虎尔哈部有功，授三等甲喇章京，后升爵位至三等辅国将军。崇德四年（公元1639年）病逝。

阿巴泰（公元1589～1646年）：努尔哈齐第七子。天命十一年（公元1626年）因功封多罗贝勒。天聪五年（公元1631年）掌工部。崇德元年（公元1636年）晋爵饶余贝勒。三年协助多尔衮征明朝。七年统兵再征明，深入畿辅、山东等地。顺治元年（公元1644年）晋升郡王，三年病死。

皇太极（公元1592～1643年）：努尔哈齐第八子。年轻时随父汗征明，颇有战功。后金汗国建立后，为四大贝勒之一，襄理国政。努尔哈齐死后，被诸贝勒推为大汗，年号天聪，即位后，削弱另三大贝勒权力，控领正黄、镶黄、正蓝三旗，设六部、内三院、都察院、开文馆，译汉文书籍，考试生员、举人，尽力笼络蒙、汉官员，以张皇权。天聪时代，又征朝鲜，伐察哈尔蒙古，解除后顾之忧，专力征明。天聪十年（公元1636

年）改国号为清，改元崇德，后又建蒙古八旗与汉军八旗，为入关统治中原作好准备。崇德八年（公元1643年）暴卒，尊为清太宗文皇帝。

巴布泰（公元1593～1656年）：努尔哈齐第九子。天命十年（公元1625年）因征虎尔哈部有功，翌年命理正黄旗事务。天聪四年（公元1630年）在对明战争中因弃永平被革职。八年授梅勒章京，崇德六年（公元1641年）封三等奉国将军。顺治元年（公元1644年）入关，征南明及李自成等，四年进辅国公，六年进镇国公，顺治十二三年间卒。

德格类（公元1596～1635年）：努尔哈齐第十子。曾从父汗征辽阳、沈阳诸战役，天命十一年（公元1626年）封多罗贝勒。天聪五年（公元1631年）掌户部事，翌年晋升和硕贝勒。屡率兵征明，九年（公元1635年）病死。

巴布海（公元1596～1643年）：努尔哈齐第十一子。初授牛录章京，天聪八年（公元1634年）进一等甲喇章京。崇德四年（公元1639年）授梅勒章京并封为镇国将军。七年，因不满朝政，革爵，废为庶人。次年又因造匿名帖陷害谭泰都统罪发，被处死，籍没。

阿济格（公元1605～1651年）：努尔哈齐第十二子。初授台吉，天命五年（公元1620年）因母立为大妃，为和硕额真，不久升贝勒。皇太极继任大汗后，曾参与征朝鲜、伐蒙古、克皮岛、败明师诸战役。天聪二年（公元1628年）因擅主其弟多铎婚事，革贝勒。崇德元年（公元1636年）以军功封为武英郡王。顺治元年（公元1644年）升为和硕英亲王，统兵入陕西大败李自成军，复下河南，入湖广、江西。六年自恃功高自请为叔父王，遭斥责。八年，因谋逆罪赐死，籍没除宗籍。

赖慕布（公元1611～1646年）：努尔哈齐第十三子。天聪八年（公元1634年）授牛录章京。崇德四年（公元1639年）参与政务。七年随阿济格出师伐明宁远获胜，唯因未及时劝阻阿济格擅自班师而罢职免议政。顺治二年（公元1645年）封奉恩将军。三年病逝。

多尔衮（公元1612～1650年）：努尔哈齐第十四子。年少时即为贝勒，统领全旗，甚至有努尔哈齐欲以其为汗位继承人之说。天聪二年（公元1628年）从征察哈尔蒙古有战功，后代兄阿济格统领白旗。九年率兵降察哈尔林丹汗子，获元朝传国玉玺。崇德元年（公元1636年）封和硕睿亲王。三年统兵征明，掠河北、山东等地。八年清太宗皇太极病逝，欲继汗位，未果，乃拥立幼侄福临为君，与郑亲王济尔哈朗同为摄政王。顺治元年（公元1644年），挥师入关，击败李自成，定鼎北京，以功封叔父摄政王，后派兵下江南，灭弘光朝，逐步确立清朝对全中国之统治。五年又称皇父摄政王，大权独揽，排斥异己。摄政期间，实行圈地、逼民投充、剃发诸弊政，激起汉人反抗。七年死于古北口外喀喇城行猎途中，尊为成宗义皇帝。惟翌年即以生前"谋篡大位"罪削帝号、撤庙享、除宗籍。乾隆四十三年（公元1778年）始特诏昭雪平反。

多铎（公元1614～1649年）：努尔哈齐第十五子。与阿济格、多尔衮为同母三兄弟，初封贝勒，天命十一年（公元1626年）统领全旗。天聪二年（公元1628年）征蒙古有功。崇德元年（公元1636年）封和硕豫亲王，历掌礼、兵二部事。顺治元年（公元1644年）入关后，败李自成军，灭南明福王，战功卓著。顺治四年晋"辅政叔德豫亲王"，六年病逝。乾隆帝曾赞誉多铎为"开国诸王战功之最"。

费扬古：为努尔哈齐之么儿，事迹不详。

八位千金则依次是：

长女东果格格，嫁何和理。

次女嫩哲格格，嫁常书之子都统达尔汉。

第三女莽古济，先嫁哈达贝勒孟格布禄子乌尔古岱。夫亡后，改嫁蒙古敖汉部琐诺木杜棱。

第四女穆库什，先嫁乌喇贝勒布占泰，后因受布占泰虐待被努尔哈齐领回，改嫁大臣额亦都第八子图尔格。

第五女名不详，为穆库什同母妹，嫁额亦都之次子达启。

第六女也是穆库什同母妹，名不详，下嫁叶赫那拉氏苏鼐为妻。

第七女，庶妃伊尔根觉罗氏所生，名不详，嫁那拉氏鄂托伊。

第八女称聪古图公主，嫁蒙古喀尔喀台吉古尔布什。

四十六
"用兵如神"的努尔哈齐

朝鲜官书《光海君日记》六年(明万历四十二年，公元1614年)六月丙午日的记事中称赞努尔哈齐"用兵如神"，这种说法虽然夸大了一些，但也有几分可信度。努尔哈齐一生有四十四年在刀光剑影下度过，经历过几十次大小战争，除了最后一次攻宁远城时遭到败绩，其余的战役都是以胜利收场的。为什么这样一位早年几乎毫无凭借的人，能够在多次大战中取胜呢?由于篇幅所限，现在仅就他后期与明军的大战作些分析吧。

努尔哈齐除了善于审时度势、不打没有把握的仗之外，他在很多战役中取得胜利的原因还有:

一、诱敌深入。萨尔浒山大战，明军本不应该败得那么惨、那么快的，主要的原因就是中了努尔哈齐诱敌的计策。明军主力西路军原是"头盔似海，刀枪如林"的，但是先被后金兵诱渡浑河，俘获十四女真人，焚毁二案，杜松以为努尔哈齐不堪一击。杜松军队在吉林崖上扎营时，又中了八旗的埋伏，结果八旗兵从河边到莽林，从山崖到谷地，铺天盖地的厮杀而来，杀得杜松的西路全军覆没。刘綎的东路军也是一样，经过几次小战斗，"生擒斩获二百一名颗"，焚克十余寨，"军声大震"，便轻敌起来了。但又中了努尔哈齐的诱兵之计，刘𫘧大军不久便陷入阿布达里冈的大埋伏圈中，被隐伏在山顶、丛林、溪谷中的八旗兵四出围攻，包括刘𫘧在内的将官兵士全被杀光。

沈阳之战，努尔哈齐也是"以赢卒诈败诱我"，使得勇猛而寡谋的总兵官贺世贤贪功出城迎战，结果贺世贤不但自身中数十箭坠马而死，后金兵也乘胜攻破了东门，沈阳遂为后金所有。努尔哈齐攻广宁时也是利用西平堡守城参将黑云鹤轻敌冒功，被诱出坚城作野战，结果兵败，也影响到了广宁的军心。以上都是诱敌深入或诱敌出城作野战而使战争胜利的例子。

二、善用谍工。努尔哈齐知道明军的人马不弱，城池又坚固难攻，他于是就常用间谍工作人员，以利禄招降明军将领，或在攻城时在城中作内应，以达到战争胜利的目的。例如萨尔浒山一役，努尔哈齐就事先利用了哨探、谍工、商人等多种途径，对明军的统帅、主将、兵力分路进攻计划、各路出兵日期，都获得了可靠的情报，因此他能预先制定攻守策略，掌控战情。辽沈之战，他更先期发动一批蒙古人诈降，到攻城战爆发后这些降人便作了内应。沈阳就是因为"降夷复叛，吊桥绳断"而被八旗兵攻陷的；辽阳城也是因为袁应泰仁柔，采纳了贺世贤的用降夷之说，最后"堕奴计也"，降夷在城内作内应迎接后金兵入城。更可怪的，"辽阳巨族多通李永芳为内应，或言降夷教之也"，总之，这又是一次利用谍工的成功。广宁的失陷几乎是大笑谈，努尔哈齐的谍工竟是辽东巡抚王化贞的心腹骁将孙得功。这位孙得功先主张出城与后金兵作野战，他自己"故意上前一冲，即退去，因而各营俱起，以致大败"，他害总兵官刘渠、祁秉忠等战殁沙场。后来他回到广宁城，王化贞以他是心腹，还委以守城重任，但孙得功则"堵城门，封银库，封火药"，等待后金兵的入城。如果不是另一位参将江朝栋突来报告实情，王化贞恐怕乘骆驼狼狈溜走的机会都没有了。努尔哈齐利用谍工的本领是可圈可点的。

三、屡出奇招。天命三年（万历四十六年）四月，后金兵首次与明军交锋、攻打抚顺时，努尔哈齐于该月十五日马市前一日，派人到抚顺传话，声称翌日将有三千女真商人来抚顺关贸易。到十五日清晨，假冒商人的后金先遣部队果然来市集做买卖，将抚顺商民与军民诱出城外，随即八旗兵主力遂乘机攻入抚顺，几乎是不费一点气力的取得了胜利。明朝官书《明神宗实录》中记：

> 先一日，奴于抚顺市口言：明日有三千鞑子来做大市。至日，寅时，果来叩市，诱哄商人、军民出城贸易，随乘隙突入。

王在晋的《三朝辽事实录》中也说：

> 四月十五日，奴儿哈赤计袭抚顺，佯令部夷赴市，潜以精兵蹑后，突执游击李永芳，城遂陷。

朝鲜人也说：

> 奴酋向与抚顺互市交易，忽于前面四月十(五)日，假称入市，遂袭破抚顺。

三个月后，努尔哈齐又率兵攻打清河，这次除猛攻、挖城墙以外，又用了妙计而攻陷了清河。黄道周在《博物典汇》里说：

> (先令)驱貂、参车数十乘入城，貂、参穷而军容见。因入据城门，延入诸骑，故清河之破，视抚顺尤速。

黄道周的说法是否可靠，也许尚需深入考证；但努尔哈齐利用人性贪财，以貂皮、人参作饵，诱骗守军，也并非绝无可能之事。

萨尔浒山大战中，努尔哈齐又出了奇招，骗得刘綎走向败亡之途。《明史纪事本末》中记：

> 建州兵得杜松号矢，使谍驰绐之，令亟来合战。綎曰：同大帅，乃传矢，禅我哉！谍曰：主帅因事急取信耳。綎曰：殆不约传炮乎？谍曰：塞地烽燧不便，此距建州五十里，三里传一炮，不若飞骑捷也。綎首肯。

这个谍工回报努尔哈齐之后，后金兵随即燃炮传报，刘綎军在阿布达里冈的行军途中，"遥闻大炮三声，隐隐发于东北"，以为西路军杜松已到，遂走进努尔哈齐布置好的死亡陷阱。其实杜松已战死，杜军已全被歼灭，刘綎全不知情，被杜松的"号矢"骗了。不但如此，努尔哈齐还在刘綎大军进入阿布达里冈与八旗兵激战时，《明神宗实录》中又记：

> 奴酋设计诱之，用杜松阵亡衣甲、旗帜，诡称我(明)兵，乘机督战，綎始升营，遂为奴酋所败。

努尔哈齐说过："用兵则以不劳己，不顿兵，智巧谋略为贵焉。"他之所以有"用兵如神"的美誉，相信是与他"贵在计谋"有关吧！

四十七

"嗜杀"的努尔哈齐

努尔哈齐有"嗜杀"的个性应该是可信的，因为当时的中外人士全都有相似的看法。我们不举"敌国"明朝人的记述，仅就朝鲜人的亲身见闻与在努尔哈齐汗国朝廷里做官的一些汉人的说法，相信就可以窥出一斑了。

朝鲜人李民寏在后金当过"阶下囚"，他后来回国写成《栅中日录》一书，其中有：

奴酋为人猜厉威暴，虽其妻子及素亲爱者，少有所忤，即加杀害，是以人莫不畏惧。

朝鲜人也因此都认为努尔哈齐"杀弟（指舒尔哈齐）而并其兵"，同时也相信长子"红破都里（指称号为"红巴图鲁的褚英"）为奴酋所杀。

在天命十一年努尔哈齐兵败宁远之后，在后金任官的一位汉人臣工名叫刘学成，他上书谈论宁远失败的原因，其中有一项是指责努尔哈齐大屠杀是弊政，他认为：把汉人杀了怎么样呢？还是留下来对女真有好处。占领土地后，仍旧维持原样，与破坏相比是上策，建议努尔哈齐应该改弦更张，不能再大屠杀人民。

到努尔哈齐死后不久，另有汉人降臣就向新任大汗皇太极说：努尔哈齐"性多疑过杀，不知收复人心，而天即以辽土限之耳！"（见《天聪朝臣工奏议》）。

这些叙述固然可以描绘出他在这方面的个性；但如果证诸事实，则更能让人看清楚他的行事作风。例如他在统一女真诸部的时代，就开始表现出来了。当他在追杀尼堪外兰的小型追逐战中，即毫不手软地杀人，尤其在鹅尔浑城一役中，他几乎杀尽了城中的汉人，还让几名受伤的汉人用箭镞重新插入伤口，叫他们去向明朝边臣传信，实在残忍之极。

努尔哈齐在灭哈达的过程中，破哈达城之后，哈达贝勒孟格布禄匍匐进见，城寨完全招服。后来努尔哈齐把女儿嫁给孟格布禄，并把他带回都城费阿拉同住，可是不久却"置寨中，诬之以罪，杀之"。努尔哈齐杀了投降自己的女婿。

在消灭叶赫的战争中，本来坚守西城的叶赫贝勒布扬古仍准备作战，后来努尔哈齐的次子大贝勒代善劝他投降，并与他以刀划酒盟誓，发誓说："今汝等降，我若杀之，殃及我！"他们各饮誓酒一半，布扬古乃开门投降。努尔哈齐则认为布扬古无利用价值，借着他跪拜礼节不恭为由，将布扬古缢杀。对天发过誓的话也不算数了。

再如在征伐辽东的战争中，努尔哈齐的嗜杀天性就更显现无遗了。清河一役明朝"兵民约万人皆陷殁"。开原攻守战中，朝鲜人李民寏记："陷开原，屠害人民无虑六七万口。"后金人攻破铁岭后，城内男女居民多被屠杀。沈阳之战，八旗兵破城之后，《满文老档》天命六年三月十三日条记明朝兵民被杀的高达七万人之众。西平堡之役，因后金兵损失惨重，攻克后乃大肆报复，《明熹宗实录》天启二年正月丁巳日条说："奴尽屠西平。"天命十一年，努尔哈齐征宁远失败，羞愤不已，退兵时下令派兵攻打宁远附近的觉华岛。觉华岛是明军储粮之地，岛上水军不善野战，人数也不多，后金兵登陆后尽屠岛上水军、商人、居民三万多人，以为宁远战败的报复。以上只是简要记述，而努尔哈齐的嗜杀本性已跃然纸上了。

努尔哈齐在取得大片辽东土地后，在治理汉人不顺心时，他的"遇汉人，则尽杀"思想更认真地得到实践了。先说他大屠杀反抗后金的汉人。如前文所述，努尔哈齐征服辽东、辽西大城镇后，极多汉人为不剃头、失去既得利益或是不甘沦为奴隶铤而走险抗暴，自天命六年（公元1621年）起，反抗事件，甚至以武装抗暴的事件，层出不穷，如铁山、东山的矿工集寨反抗，金州、复州、盖州、汤站堡、海州、镇江、义州等地的较大规模军事行动等。努尔哈齐对这类反叛行为绝不宽恕，格杀勿论。像汤站堡只是汉人消极逃亡也被杀掉一万人。铁山、东山的矿工集结据山反抗，则有数万人遭到毒手。天命七年，代善又在义州屠杀汉民三千。天命八年六月调查汉人男丁有窝藏隐报之事，而尽杀复州男丁。其他在盖州、金州、海州与镇江等地，因武装反抗后金，情形更属严重，当然被屠杀的汉人也更多，真是惨不忍言。

最教人难以置信的是，努尔哈齐屠杀行动是发生在他晚年。天命九年（公元1624年），由于后金国内不安，粮食严重缺乏，影响到了他的统治。他没有想到其他办法来解决问题，一味地怪罪到汉人身上。他为解除危机，下令以有无粮食作为区别汉人为敌为友的标准。他说，"应把没有粮食的汉人视为仇敌，不是我们的朋友"。根据这一原则，属下官员便调查沦陷区内的汉人，分为有粮户与无粮户，"凡每一口人有六升粮或有五升粮而又有牲畜足够生活的，列入有粮户，准许留住，凡不是此数目的列入无粮户，登记上报"。结果在抚顺、铁岭、盖州等地大肆调查。有粮户北迁，给土地、住房。无粮户逮捕，听候努尔哈齐处理，结果努尔哈齐下令有粮户不必北迁，而无粮户的壮丁等人则全部屠杀。

另一次莫名其妙的大屠杀是发生在第二年天命十年。这一年十月间，努尔哈齐又下令甄别汉人，他派遣了总兵官以下的官员到各自管辖的村镇去实地调查甄别汉人，凡是原来当过明朝官员的，还有一些秀才、"大人们"，以及不服从的单身汉、一切可疑的人物，全部给予屠杀。这是一次消灭反抗势力的"除恶务尽"大屠杀。

努尔哈齐对汉人确实有心结，有化不开的仇恨，屠杀汉人是他一生不变的政策。不过他也经常杀死他亲密的伙伴，甚至他的至亲。前文已经谈过他杀弟杀长子的事。连两位创制满洲文字并立过其它功劳的从龙旧臣噶盖、额尔德尼也没有得到善终；前者被认为有"叛变"行为，在万历二十年代即被处死，后者则在天命八年（公元1623年）判定"私收财物"伏法。还有在萨尔浒山战役投降的朝鲜军人三四千人，被后金收养，努尔哈齐因朝鲜政府不合作，不答应与他结盟，他曾以这批朝鲜降兵可能会作乱而屠杀了近千人。

以上种种事实，相信可以说明努尔哈齐是个"嗜杀"的人了。

努尔哈齐与《三国演义》

努尔哈齐能"用兵如神"，一定是他精通战略，这种推论是合理的，而不少人认为他的战略之所以精通，与他爱读《三国演义》有关。

早在明清之际，黄道周在他的《博物典汇》中就说努尔哈齐：

> 好看三国、水浒两传，自谓有谋略。

当然，努尔哈齐是不是看三国，水浒这类书，汉文能力如何，我认为还应该深入研究，不能因黄氏一说就深信不疑。

不过，近代学者提到这个问题还是大有人在，例如日本学者稻叶岩吉在他的《清代全史》里就说：

> 太祖（指努尔哈齐）……幼时爱读《三国演义》，又爱《水浒传》，此因交识汉人，而得其赐也。

中国清史大家萧一山教授也在《清代通史》中谈到努尔哈齐的兵法

中国清史大家萧一山教授也在《清代通史》中谈到努尔哈齐兵法时说：

> 论者谓就其（指努尔哈齐）教育程度观之，似皆由于《三国演义》一书而揣摩有得者，或亦不无见地耳。皇太极云：我国本不知古，凡事揣摩而行。其所揣摩者，殆仍《三国演义》一类之小说，为清朝开国之源泉也。

另外，研究清史的名家李光涛先生也认为：

> 居关外之金国则因尊崇刘、关、张故事，至于奉此一书，以为开国方略之用。传之两世，前之奴儿哈赤，后者皇太极，不曰爱读之，即曰喜阅之，此外犹有深明三国志传之记事。

由此可见，前辈学者确有认为努尔哈齐不但爱读《三国演义》，而且还揣摩《三国演义》中的故事作为兵法之用。我个人对于这种看法持有比较保守的态度，因为我不相信努尔哈齐个人能读《三国演义》，即使他听到别人讲《三国演义》，也未必就对这部书有深切了解，用为"开国方略"可能是他儿子皇太极时代的事，努尔哈齐对《三国演义》的认识了解最多只是皮毛而已。

我之所以有如此的看法是由于以下有关文献中推知的：第一，在现存的两件努尔哈齐致朝鲜国王函件中，他提到一些中国历史上的往事，天命四年（公元1619年）萨尔浒山战后，努尔哈齐对朝鲜国王说：

> ……曾闻昔我大金定汗时，朝鲜大臣赵惟忠者，率四十余城叛来。我大定汗曰：我金国征宋赵徽宗、赵钦宗时，朝鲜王不助宋亦不助金，乃是公正之国也。遂不纳而却之。由此而论，你我两国素无衅隙，……尔朝鲜王当知之。

这是希望朝鲜王与后金结好的。另一封信是两年后写的，因为双方外交关系无进展，努尔哈齐又以箕子朝鲜与辽金元时代中韩关系为例，希望双方交往能和睦正常。在这封信中，努尔哈齐用了中韩古代史事为例，并提及不少历史人物，但独缺《三国演义》中的名人。

第二，努尔哈齐也引用过中国历史与蒙古贝勒们写过信，天命五年四月就有一封信向喀尔喀五部贝勒们谈到征伐明朝原因的，信文中说辽金元旧事，谈到金太祖阿骨打、大辽天祚帝、宋朝徽钦二宗、元朝铁木真、忽必烈、明朝朱洪武等等帝王，但也没有写出一个《三国演义》中的名人或故事。

第三，在努尔哈齐训诫他的子侄、臣工、属人时，也有以中国历史为殷鉴的。天命六年四月，额驸扬古利准备将他儿子骨骸归葬萨尔浒老家，努尔哈齐便以阿骨打及成吉思汗创业为例，要他不应有退归之想。天命八年五月，努尔哈齐又怀疑另一额驸李永芳私通明朝，降谕斥责，谕文中引用了刘邦、赵匡胤、朱元璋、郭子兴等人，说他们都出身微贱，终成帝业。现在上天已示之异象，明朝将亡，对其通明之事，"我心怨恨，乃示此谕以表由衷之言"。在这类训诫文中，也不见有关《三国演义》文字之出现。

第四，当辽东汉民大反抗时，努尔哈齐曾几度发表谈话，用中国史事，劝解或晓谕不愿归顺的汉人。如天命六年四月初一日将发兵攻打明辽东城镇时；同年十一月十九日颁布计丁贡赋制度时；十二月又以大金灭辽败宋事而论及明朝将失辽东的必然时；以及天命七年四月再度告诫辽东汉人时；他在文件中都谈到不少中国史事与著名历史人物，像尧、舜、桀、纣、周武王、箕子、姜太公、孔子、孟子、管仲、商鞅、秦始皇、秦二世、项羽、刘邦、韩信、隋炀帝、唐太宗、赵太祖（匡胤）、宋徽宗、宋钦宗、辽太祖、金太祖、金世宗、金章宗、成吉思汗、忽必烈、元顺帝、朱元璋、万历帝等人，分别被引用为例，辽金元的史事尤其经常挂在他的口边，《三国演义》中的人与事则也是只字未提。

只有在康熙年间重修的《大清太祖高皇帝实录》书中，有两处提到了三国时代的人名，一是在天命三年闰四月努尔哈齐训诫子侄们要注意修明制度，任劳任怨工作时，他说：

> ……人臣身秉国钧，因循从事，不能申明教令诫谕群下，则无知之民，罹于法者必多。若各尽厥职，明法度以训国人，使不罹于刑戮，则君心嘉悦，眷顾日隆，如古所传皋陶、伊尹、周公、诸葛亮、魏征诸臣，生膺显爵，没垂令闻，斯于臣职无负耳！

另外，在该《实录》卷末又有一次努尔哈齐的谈话，是要他的子侄、臣工们赏罚公正、辨别忠奸的，文中也提诸葛亮的名字。不过上引第一篇谈到诸葛亮的谕文在原始的满洲文老档里没有诸葛亮人名，显然是康熙朝重修汉文实录时由汉人史官加上去的。第二篇谕文则根本不见于早年写制成的《旧满洲档》或《太祖武皇帝实录》，通篇文字都是后代史官伪造加添的，可信度极低。

总之，我个人以为，努尔哈齐年轻时爱听《三国演义》故事是有可能的，受《三国演义》一书影响而用在他日后的统一女真以及征明战争上可能有之，至于"奉此一书，以为开国方略之用"，也许在皇太极时代比较显著，努尔哈齐创建龙兴大业时，似乎还很少"揣摩而行"三国人的行事。前贤的若干说法，值得进一步探讨才是。

四十九
努尔哈齐的宗教信仰

　　在亚洲北部诸民族中，早年都是信仰萨满教的。据宋代人徐梦莘编的《三朝北盟会编》一书中说："珊蛮者（又有作萨莫者，均萨满之汉文异译字），女真语巫妪也，以其通变如佛。"《金史》里也记载："女真人相信'巫者能道神语，甚验'。"女真人是满洲人的祖先，当然这种宗教也是努尔哈齐等人的主要宗教信仰。

　　萨满是指一种能通灵的巫人，早期由女子担任，后来也有男子为萨满的，他们具有超自然的能力，可以为人向神明或祖先表示礼敬，或请求协助指点迷津，甚至久旱求雨，得病求康复，一切家中疑难事件也都可以请萨满来祭神问神，请求解决。由于萨满宗教没有高深哲理，因而崇拜多神，有图腾神、祖先神、自然神、动植物神等等。后来又与汉人文化接触，萨满教又信仰道教、佛教中的释迦牟尼、观音、灶神、财神、城隍、关公和阎罗王等等了。

　　努尔哈齐兴起之后，满洲族人中仍以萨满为信仰，朝鲜人在亲身见闻的记录中说：他们"疾病则绝无医药针砭之术，只使巫觋祷祝，杀猪裂纸以祈神，故胡中以猪纸为活人之物，其价甚贵云"。杀猪裂纸有金朝早年萨满祭神的遗风，萨满穿神服，拿神具（铜铃、铜镜和神刀等），口念咒语，杀猪祈祷，手舞足蹈，装出神鬼附体模样，时人称为跳神。努尔哈齐死前，阿敏还为他病中的伯父持书到堂子里乞求神祖保佑，杀牛、焚纸，显然是萨满的信仰。皇太极继承后金大汗位子之后，曾对堂兄弟济尔哈朗说："萨满经文，平昔考究者，尔等较初懈怠。"可见当时还有萨满文献存在。直到乾隆十二年（公元1747年）敕撰《满洲祭神祭天典礼》时，还订有"堂子祭天"、"立竿大祭"、"跳神"等项，可以说都是萨满文化的遗存。

不过，努尔哈齐在统一女真与征伐明朝的过程中，萨满教已不能适应时代的需要了。汉人与蒙藏人士信仰的佛教因而影响到满洲贵族高层的人士，一则是佛教有高深的哲理，再则是佛教对汉蒙藏各族的统治有现实功能，尤其源自西藏的喇嘛教（现称藏传佛教）更是对努尔哈齐建立汗国有利，因而特别受推崇。

努尔哈齐的祖先可能早就受到佛教的影响，不说在渤海建国的唐代，佛教就已盛行于白山黑水之间，并由渤海传入朝鲜与日本。就以明朝初年来说，洪武年间就在铁岭建成圆通寺，永乐年间又在黑龙江入海处造观音堂与永宁寺，这些古刹对女真部族应该在信仰上有影响。努尔哈齐崛起后，朝鲜人见到他的部将们"颈系一条巾，巾末悬念珠而数之"。努尔哈齐自己则"常坐手持念珠而数之"，可见他们信佛已相当虔诚了。努尔哈齐称汗的前一年，即明神宗万历四十三年（公元1615年），他下令"建三世诸佛及玉皇庙，共七大庙"。这一年也完成了八旗制度的扩增工作，建佛庙在同一年显然有着深远的意义。努尔哈齐不但建庙以示崇佛，而且下令保护寺庙，如"任何人不得拆毁庙宇，不得于庙院内拴系牛马，不得于庙院内便溺，违者见即执而罪之"。满文旧档案中甚至还记述了这样的一件事：

汗家北塔之基石，被周围包衣人等盗取毁之。上奏后，遣众大臣搜寻基石，并将被查获之人各杖五十。该僧等亦因疏于看守而将为首之八僧画牢饿囚之，待众僧修复后释放。

努尔哈齐对佛学似乎也有些了解，有时他甚至用佛书佛理来训诫他的部属大臣，例如他说：

古传神佛之言，载言虽有万种，但仍以心术正大为上。

他又劝臣下多行善事，说了：

所谓福者，夫乃信奉神佛，若修今世之身，求得福至，以期来世生于吉祥之地以求福也。

另外，由于满洲人与蒙古人不断的交往，喇嘛教也逐渐地影响到努尔哈齐等后金汗国里的高层人士，上述的一些佛学理论也可能与此有关。据《满文老档》的记载，蒙古人和一些由西藏到蒙古传教的喇嘛不断地投奔后金，而努尔哈齐又宽大地收容了他们，并给予赏赐，特别是天命六年（公元1621年）从科尔沁来了一位名叫囊苏的西藏喇嘛，努尔哈齐待之以上宾，他"入汗衙门时，汗起身与喇嘛握手相见，并坐大宴之"。同年，囊苏喇嘛属下的两位小喇嘛也来归了，努尔哈齐都准许他们在后金定居弘法。可惜囊苏喇嘛在后金生活的时间不长，第二年就圆寂西归了，满文档案里也记录了有关的事：

……囊苏喇嘛闻英明汗敬养之善，初曾来往二次。得辽东后，该喇嘛来曰：我虽身体不适，但仍抱病离故土而来，愿在英明汗处弃我骸骨。不久病危……辛酉年（为天命七年）十月圆寂，遂于辽阳城南门外韩参将之园屯舍内修庙治丧。英明汗命巴喇嘛祭之，并遣图鲁什往接囊苏喇嘛属下在女真、科尔沁之六十三户，赐一汉人屯堡，以葬喇嘛之遗体。又赏给……差使之奴仆男五十人、女五十人。

由此可见努尔哈齐对喇嘛教与囊苏喇嘛的敬重。天命十年冬天，又有一批喇嘛来投奔后金，并对努尔哈齐说："蒙古的贝勒们养活我们不好，汗养活的好。"后来喇嘛萨哈尔察又来归，努尔哈齐给了他们一百三十二人敕书，免其贡赋，犯了小罪也免议，努尔哈齐如此礼敬喇嘛，确实达到了招徕喇嘛的目的，也给了蒙藏黄教世界很好的印象。

努尔哈齐生前似乎对道教也有一些信仰，有一次他为阵亡将士祈祷时说：

皇天助我，以我为是，纵失一二将士，并非天谴而死也。雅巴海，我愿为尔祈于天，尔亦告于所去之地的阎罗王，俾尔转生于伯父我家，否则或生于尔诸兄和硕贝勒之任何一家，或生于自和硕贝勒以下固山额真以上任何一家。……

可见他又信仰阎罗王，相信有投胎转世之说。

总之，从努尔哈齐一生的言行当中，我们可以了解他个人既信萨满，又信佛道，同时也反映出当时满洲部族中宗教信仰是自由的，只是高层人士多信佛教，低下层民众还是信萨满的多。另外，努尔哈齐虽礼敬喇嘛、崇信喇嘛教，但训诫子孙，不能像蒙古那样迷入喇嘛教，所以一直到乾隆时代清朝还是信喇嘛教以制蒙藏的，并非单纯迷信而是有功利目的的。

五十

努尔哈齐的《实录》

《实录》是记载皇帝一生行事理政的专书，在每一个皇帝死后由下一代的群臣纂修，所以任何朝代的最后一位皇帝通常都没有《实录》。《实录》在中国史书里可说是古代就有了。在《隋书·经籍志》中就提到周兴嗣撰过《梁武帝实录》，谢昊撰《梁元帝实录》。唐、宋以来都有《实录》，只是毁失没有留存下来。《实录》的体裁是以时系日，以日系月，以月系年，由于每个皇帝都有《实录》，所以卷帙浩繁，但也是一朝史料的总汇。

《实录》名称可能与《后汉书》中赞美司马迁的《史记》有关，说"迁有良史之才……其文直，其事核，不虚美，不隐恶，故谓之实录"。南北朝时代的人以《实录》之名为皇帝写生平事略，是想借"实录"二字而强调他们的书是文直、事核的；但是各朝史官记皇帝的事多是隐恶扬善，不可能成为真实的记录，所以明朝末年人就批评《明实录》说："止书美而不书刺，书利而不书弊，书朝而不书野，书显而不书微。"这种评论虽是苛求了一些，但也有可信度。我们现在只能看到明清两代的《实录》，其他朝代的仅在少数作家的文集中见到零星的记载了。

努尔哈齐死后，由于后金汗国汉化已深，继承汗位的清太宗皇太极在关外就为他父亲努尔哈齐修纂了《实录》。据清代官方文献称，后金大汗皇太极先命画工画出努尔哈齐的生前大事，在天聪九年（公元1635年）八月间完成了后世所称的努尔哈齐《太祖实录图》，皇太极还赏赐画工张俭等人牛与奴仆。第二年，后金改称大清，年号也由天聪改为崇德。崇德元年十一月清代史书里又记完成了满蒙汉三种文字的努尔哈齐《实录》，汉文资料说《太祖武皇帝实录》告成，并且还举行了盛大的典礼，当时给努尔哈齐尊上的谥号是"武"字。清朝也就从此在每位皇帝逝世之后，都修纂《实录》，直到清末，连宣统皇帝也有三年的《政纪》，可以说是中国历史上唯一不缺任何一个皇帝的最完整的全史数据。

不过有关努尔哈齐的太祖实录，我们发现这部书一修再修，一改再改，这也是历朝少见的。以目前所见的《太祖实录》看来，就有崇德元年（公元1636年）大学士刚林、希福等人恭修的"武"皇帝实录本、顺治年间改修的"武"皇帝实录本、康熙二十一年（公元1682年）大学士觉罗勒德洪、明珠奉敕重修的"高"皇帝实录本、雍正十二年（公元1734年）大学士鄂尔泰、张廷玉等奉旨校订本，到乾隆四年（公元1739年）才刻印出定本"高"皇帝实录，前后历经四五次重修改订，这其中的原因，实在是值得深入探究。

首先我们先来看看努尔哈齐《实录》中的谥号为什么由"武"改为"高"字。改"高"是在康熙朝重修时定议的。根据史料当初以"武"为谥不外是彰显努尔哈齐的武功很盛，经历次战争而建立了后金汗国，为大清皇朝奠定始基。后来清太宗皇太极死后，朝臣们为他定了一个"文"字做谥号，表示他重视文治。顺治皇帝是入关后做大中国的第一代皇帝，他死后大臣在议谥号发生了争论，有人认为他是到中原入主北京的第一个清代皇帝，应该以"高"字为谥号，但也有人表示如果顺治谥"高"，那么把努尔哈齐的地位降低了，有违孝道，也不合中国以"高"为开国君主谥号的传统，所以大家建议把努尔哈齐的旧谥号"武"字改为"高"字。

至于努尔哈齐《实录》一修再修的最大原因，大概有以下两种：一是政治上的因素。前面已经说过，崇德元年清太宗皇太极为努尔哈齐修成《太祖武皇帝实录》；但是我们在满文史料中发现当日修成的书名是《清太祖武皇帝、武皇后实录》，而这位武皇后就是皇太极的生母叶赫那拉氏。皇太极何以不依中国习俗修皇帝实录而加上皇后的名字呢（事实上书中也没有写到皇后的很多事）？原来女真人有个旧传统，凡是大妃或大福晋的儿子才能继承部族首长的政治地位，庶出的没有继承资格。皇太极的生母在史料中没有见过她曾经当过大妃，因此皇太极继承汗位是有问题的。加上后来努尔哈齐又制定了八家共治、大汗共选的制度，皇太极又没有经过选举程序就登上了汗位，因而引起不少传闻。明朝人当时就有"诸子争继"的说法。朝鲜人则说努尔哈齐要传位多尔衮，命代善摄政，最后因为皇太极兵强，代善懦弱，而由皇太极登上了大汗的宝座。清朝入关后的前七年由多尔衮当摄政王，权倾一时，朝臣只知有摄政王而不知有顺治皇帝。多尔衮下令修改了太祖实录，可能删去了"武皇后"的书名，并详记了他的生母乌喇那拉氏阿巴亥被皇太极等人逼殉的经过，以彰显清太宗皇太极继位是"夺立"。多尔衮死后，这件事被列为罪状，并将有关修史的官员处以重刑，这是崇德至顺治年间因汗位继承事而修改努尔哈齐《实录》的原因。

另一项原因是文化方面的。清初开国伊始，制度草创，难免一切比较简陋，崇德元年初修的武皇帝实录中除文字不雅、内容疏略之外，又有对明朝关系上的不对等问题。例如早年还称"大明国"，向明朝边官还用"请求"、"乞恳"等等字样，到康熙再修高皇帝实录时，全文改写为雅洁文字，与明朝无论和战概以国对国的对等关系立论了。同时又依传统中国修实录的惯例，年日用干支，遇天、皇帝、宫殿等名都须抬写，以示尊敬。又把努尔哈齐旧实录中有关部族内丑闻，努尔哈齐嗜杀以及若干引起满汉种族仇恨的字眼与叙事全都删除，以强调满汉一体。康熙皇帝又命负责重修清太祖努尔哈齐实录的大臣，从老满文资料里找出不少努尔哈齐当年的谈话，用生动的汉文，引申写出了几十篇"上谕"，训诫大臣正心术，爱国家，美化努尔哈齐的德行。

乾隆年间，在整个祖先早年制作的史料中，又重抄了一种名为《满洲实录》的书，并附上了不少图画，这部书图文并茂又兼书满蒙汉三种文字，细读其内容，实际上只是另一种努尔哈齐的《实录》。有人说这部《满洲实录》很可能就是《太祖实录图》与崇德元年初修的《太祖武皇帝实录》的合刊本，这是非常有可能的。

清朝历代皇帝的实录经海峡两岸翻印发行，现在可以在各大图书馆中看到，已经不再是"深藏大内外人不得共见"的史书了。

结语·
兼论努尔哈齐

努尔哈齐的家世并非显赫，他自己的学养也谈不上深厚，他崛起时的凭借实在也不多，为什么他能在几十年中创造了如此成功的大事业呢？为什么在满族人心目中至今仍尊奉他为民族英雄呢？为什么他在中国历史上还具有重要的地位呢？这是我们应该深入一探究竟的问题。

不少人批评努尔哈齐"本性凶恶"、"多疑过杀"，这可能是他性格上的缺点之一；但是他与当时其他女真各部首领相比，他的长处似乎多了很多，例如他不像哈达贝勒王台那样"唯听谗言"；他也不像乌喇贝勒满泰那样荒淫无道。他不酗酒、不贪婪财物。生病或受伤时仍照旧处理军政事务，戮力从公，作战时则身先士卒……。这些都不是一般"边夷"首领所能与他相比的，也是他日后成就龙兴大业的大资本。

他虽读书不多，但智慧超过常人。他对女真各部用顺者安抚、逆者兵临的恩威并施手段来对付他们。对蒙古、朝鲜、明朝则又用另一套外交方式，如对蒙古以盟誓、通婚、征讨为主；对朝鲜则力求安定和平；对明朝先是竭尽恭顺之能事，以求得到明廷的信任，等到羽毛丰满、势力强大之后则改变态度，"叛变"兴兵征明了。他知道时局变化，正确估量自己的实力，务实地采取行动，因此他的行事成功机会为多，失败的较少。

努尔哈齐的智慧还表现在用兵上，不论是追杀尼堪外兰之役、九部联军之役、灭哈达、毁辉发、征乌喇之役、清河、抚顺之役、萨尔浒山之役，一直到广宁之役，他经常以少胜多，以小胜大，这其中原因是他巧妙地运用到了诱敌深入、巧设疑兵、用计行间、据险设伏、各个击破、里应外合等等兵家上乘战略，他的成功不是偶然的。

除了上述有关他个人几点优势之外，努尔哈齐一生的事功还有应该赞扬的。例如：

第一，努尔哈齐乘着明朝末世，朝政腐败、经济凋敝、边政废弛、女真互斗的时刻，崛起创业，先统一了明朝卫所制度下的建州三卫，再兼并海西哈达、辉发、乌喇、叶赫四强，最后征服或绥抚了大部分东海的野人女真，使女真各部族人开始形成一个大民族家庭，即满族共同体。这是从中国先秦时代自有肃慎族人活动以来的大统一，成为具有共同满族特征的大统一。这是中华民族史上的大事，努尔哈齐的功劳不能不记上一笔。

第二，由于满族共同体的形成，原有女真各部落发展不平衡的状况得到了不少改善。有些原先居住在边地海隅生活条件落后的女真人，被迁移到佟佳江、苏子河、浑河流域居住，文化水平也因而随之提高。特别因为努尔哈齐注重引进汉族的生产工具与生产技术，优待汉族工艺人才，使得女真的农业、畜牧业、手工业等都得到长足的进步。生产力的发展当然催化了女真社会的变革，这催化主导人就是努尔哈齐。

第三，努尔哈齐生前除了攻占了辽东、辽西很多城镇，东北滨海与库页岛等地区也被他征服了，明代东北边疆基本上已在后金汗国的版图之内了，而当时帝俄侵略势力正在伸向黑龙江地区，若非后金势力强大，成为捍卫东北疆土的屏障，帝俄不会等到清军入关后再大举入侵，可能提前他们的侵华日程了。努尔哈齐在这方面又立了一次意外的功绩。

第四，努尔哈齐命令儒臣创制老满文，更是空前的大事业。诚如阎崇年教授所说的："满文的创制和颁行，是满族文化发展史上的里程碑。从此满族人民有了自己的文字，可以用它来交流思想、书写公文、记载政事、编写历史、传播知识、翻译汉籍。这不仅加强了满族人民的思想交流，而且促进了满汉之间的文化交流。……同时，满文记录和保存了大量的文化遗产，丰富了中华民族的文化宝库。"其实，我们如果把眼光看得长远些，努尔哈齐的子孙用满文翻译了中国的儒家古典著述，后来又被西方传教士从满文本译成拉丁文与法文本流传西欧，把中国文化传布到国外，甚至在18世纪，德、法等国还风行"满洲学"研究，成为当时的显学，这可能是努尔哈齐当日梦想不到的事。

尽管努尔哈齐是满族的杰出英雄，尽管他有如前所述的一些丰功伟绩，但是他毕竟是个凡人，而且有他时代与知识能力的局限，因此他行事的作风与实施的政策还有不少遭到了非议。例如：

第一，努尔哈齐创建八旗制度确实把女真当时的社会、军事、行政、生产都统制了起来，以八旗军事方法管理行政，管理经济，使女真社会军事化，把涣散的女真各部都联结了起来，成为一个有生气的社会整体。可是八旗制度也因为八家独立，不相上下，每一旗不允许其他旗超过自己，任何政治权力与经济利益都对等平均分配，日久月深，八旗的相对独立性愈来愈强。虽然努尔哈齐设法遏制过，但收效不大，连大家议定好的八贝勒共治国政的政治体制，到努尔哈齐死后还是被破坏了。在辽东、辽西的战事中，氏族部落的落后意识不断重现，残酷屠杀与野蛮抢夺到处发生。努尔哈齐也就因此被后人评为"民族压迫的暴君"了。

第二，说起努尔哈齐在辽东实行大屠杀汉人行动，这可能与他一生仇汉的思想有关；但更重要的是他为解决当时现实问题而想出的政策。他为了粮荒，不能让无粮的人与不能生产的人活着耗损他们的粮食。他为了巩固统治权，他得"除恶务尽"的杀光那些反抗他的人。然而他的这项屠杀弊政，破坏了辽东地区社会的安宁与生产秩序，而人丁锐减，田园荒芜，造成了百业凋零、民不聊生的大灾难。原本富庶繁华的辽东景象一直到多年以后才逐渐恢复。他对严重阻碍与破坏明末辽东社会的生产与发展，应该负有极大的责任。虽然他一度注重引进汉人生产技术与工具，使女真生产力增多、增强，但后来破坏的程度远远超过早年建设的成果。

第三，努尔哈齐有没有用过其他适合的办法来治理辽东土地与汉民呢？事实上他是想到过并且还实行过一些以汉治汉的政策。他在天命六年攻克辽阳的时候就向明朝官民宣布官仍旧职、民守旧业的政策，只要大家作顺民，官员与富绅人等的既得利益就可以维护。他也实行明朝税制、租赋等制。而且参照明代的军屯制，酌加后金的牛录计丁制，实行了"计丁授田"等等，都是为解决新征服地区汉民问题的，"参汉酌金"可以说是后金统治高层的让步表现。不过在"参汉酌金"、仿行明制的同时，女真原有的奴隶制度与若干生产方式并没有因而消失或作大改变，甚至还有在某些方面仍然有所发展的，如在取得辽沈与辽南的过程中，"掠俘为奴"的事随时随处可见，这就大大地破坏了仿行明制的美意。而努尔哈齐不但"用人多疑"，即对俘获的明朝旧官、读书人等也多疑，杀戮的事常见。若与皇太极与康熙时代相比，努尔哈齐的治汉政策是失败的。

以上的这些评论也许只是现代人的主观想法，在努尔哈齐的时代，他日日过着戎马生涯，不像康乾时代的安定岁月，根本没有时间长期思考，而好的成功的改革一定需要长时间的过程。再说努尔哈齐等人对汉人制度的了解又不多，为防止汉人反侧，不得不采行严厉的措施、高压的手段，来维护其统治权，不幸的灾难也就避免不了了。

努尔哈齐一生尽管有不少值得批评的过错，但是他的功绩仍是可观的，尤其在满族人眼中，他确是一位英雄、政治家、军事家，而在中华民族的大家庭中，他也是大清帝国的奠基始祖，他的历史地位无疑是应该受到肯定的。

图书在版编目(CIP)数据

努尔哈齐写真/陈捷先著.—北京:商务印书馆,2010.12
ISBN 978-7-100-07575-6

I.①努… II.①陈… III.①努尔哈齐(1559～1626)
—传记 IV.①K827＝49

中国版本图书馆 CIP 数据核字(2010)第 244252 号

努尔哈齐写真

陈捷先 著

商 务 印 书 馆 出 版
(北京王府井大街 36 号 邮政编码 100710)
商 务 印 书 馆 发 行
北 京 京 海 印 刷 厂 印 刷
ISBN 978-7-100-07575-6

2011 年 4 月第 1 版　　　开本 680×960　1/16
2011 年 4 月北京第 1 次印刷　　印张 15

定价:34.80 元